A VIDA TENDE A DAR CERTO

(Nós é que atrapalhamos)

3ª edição

ANNA SHARP

A VIDA TENDE A DAR CERTO

(Nós é que atrapalhamos)

Rocco

Rio de Janeiro — 1998

Direitos desta edição reservados à
EDITORA ROCCO LTDA.
Rua Rodrigo Silva, 26 — 5º andar
20011-040 — Rio de Janeiro, RJ
Tel.: 507-2000 — Fax: 507-2244

Printed in Brazil / Impresso no Brasil

preparação de originais
ELISABETH LISSOVSKY

CIP-Brasil. Catalogação-na-fonte
Sindicato Nacional dos Editores de Livros, RJ

S541v Sharp, Anna
A vida tende a dar certo (Nós é que atrapalhamos) / Anna Sharp. — Rio de Janeiro: Rocco, 1996

1. Autoconsciência. 2. Vida. 3. Técnicas de autoajuda. I. Título.

96-1854 CDD 158.1
CDU 159.94

Agradeço,

Aos pensadores e às suas idéias, colocadas nas centenas de livros que li durante a vida, que me ajudaram, fornecendo os fios coloridos com os quais teci a malha que definiu minha visão particular do significado da vida. Foram tantos, que seria impossível relacioná-los.

Aos meus alunos de várias partes do mundo, que me ensinaram a igualdade nos seres e a diferença nas manifestações, aos quais devo grande parte do meu aprendizado. Com eles descobri nossas raízes emocionais, e também que a mudança é possível aos homens de boa vontade.

Aos meus pais, irmãos e amigos, que na convivência íntima e carinhosa apontaram as minhas dificuldades não resolvidas.

Ao meu marido, por seu incentivo, companheirismo e cumplicidade em todos os momentos; aos meus filhos, por sua sabedoria, apoio e admiração; aos meus netos, que me permitiram sentir e explorar o milagre da extensão do Grande Ser.

Essas pessoas me deram o seu bem mais precioso: sua experiência e sua confiança! Foram os meus verdadeiros mestres na Universidade da Vida. Por eles mantenho acesa em meu coração a chama da esperança de, em um futuro próximo, reencontrarmos o caminho que leva ao Paraíso Perdido.

Graças a esses soldados do Universo, guerreiros da Luz, acredito no novo tempo que está chegando.

Obrigada por me ensinarem o que é o Amor.

SUMÁRIO

Prefácio 9

1. A realidade está no avesso 15
2. Quem sou? 17
   Exercício 1: Histórico pessoal 21
3. O observador no espelho 22
   Exercício 2 27
4. Atenção, esforço e responsabilidade são o caminho real 28
   Exercício 3: Exame interno 31
5. Mãe Terra 32
   Exercício 4: Visualização 36
6. Felicidade: magia ou realidade? 38
   Exercício 5: Lista de traços de personalidade 41
7. Ação e reação 43
   Exercício 6: Religando 47
8. Holograma: as infinitas faces de Deus 49
9. Mirando-se no outro… 53

Exercício 7: Acusação construtiva 55
10. A descoberta de novos talentos 57
Exercício 8: Enfrentando a inveja.................. 59
11. A alquimia do ser 60
Exercício 9: Positivando a inveja 63
12. O pecado original 64
Exercício 10: Reconhecendo as emoções 66
13. A inocência original 74
14. Medo é desejo... 80
Exercício 11: Lista de medos e fobias 84
15. A origem está no sistema de crenças 86
Exercício 12 88
16. O Padrão Principal de Comportamento Destrutivo 91
Exercício 13: Reação, ação e origem............... 93
Exercício 14 94
Exercício 15 95
Exercício 16 96
Exercício 17 97
17. A melodia cerebral nos conduz ao paraíso 98
18. Endorfina, a droga da felicidade! 101
Exercício 18 106
19. A não ação é a entrega 107
20. Os novos conceitos científicos 109
21. O belo adormecido 113
Bibliografia.. 115

PREFÁCIO

Há algum tempo venho pensando que já está na hora de entregar o meu trabalho, de forma ordenada como faço em meus cursos Processo de Pesquisa Interior, O Caminho Real, Caminho dos Medos-Desejos, Mapa Defensivo do Ego e Falso Eu, ao grande público, que não tem chance de fazê-los pessoalmente.

O que ofereço nesses trabalhos é uma idéia de vida, uma substancial elevação nos níveis de consciência pessoal e, conseqüentemente, a transmutação dos níveis vibratórios e energéticos. São técnicas de espelhamento visando descobrir as sabotagens da criança interior, seguidas da desmitificação de velhas impressões gravadas no subconsciente, que inibem o relacionamento e o desempenho profissional.

Sei que as chaves, ou ferramentas, que uso nestes cursos e em meu cotidiano funcionam como grande ajuda na interação com as pessoas, numa melhor compreensão da vida, de um bem-estar interno, que se aproxima em muito da idealizada Felicidade. Tenho o depoimento de centenas de alunos do Brasil e do exterior, de que alcançaram um melhor nível de vida com o uso, às vezes, de apenas três ou quatro delas.

Alguém disse certa vez: "Você não pode mudar o mundo; você tem apenas de fazer o que pode!" Não creio nisso. Acredito que estamos a todo momento mudando o mundo, à medida que mudamos algo em nós mesmos.

A rebelião ao status quo, à conformação, às ordens, marcou minha conduta desordenada na primeira etapa de vida. Na segunda, busquei respostas, questionei, pesquisei novas idéias, estudei filósofos, religiões, mestres espirituais e algumas ciências, sempre voltada para a área humana. Encontrei alguns caminhos e experimentei-os, sempre visando a uma meta comum: a felicidade na minha vida pessoal. Alguns amigos, entusiasmados com os resultados evidentes, me pediram que compartilhasse esses conhecimentos e se colocaram como meus alunos. Assim começou minha vida profissional. Tornei-me autodidata, dividindo com outros as novas respostas que me serviam de auxílio para resolver minhas próprias angústias, inseguranças e ilusões. O objetivo em mente sempre foi o de aumentar a paz interior e usufruir, o mais plenamente possível, o incrível presente ofertado por meus pais: a vida!

Ainda não parei de buscar.

A terceira etapa me pegou desprevenida. "Bem-vinda ao clube!", foi a recepção de minhas amigas no almoço de comemoração dos meus 50 anos. Entrei um pouco apreensiva nesta fase da vida. Até então, eu não havia sido flagrada pela famosa crise da idade de forma mais séria, resultado do caminho de busca e crescimento pessoal dos últimos vinte anos. Assumi o título de senhora e não me lamentei por muito tempo. Aceitei o irreversível como estímulo para atravessar uma larga porta para o novo.

O que esta etapa me traria de experiências, descobertas e satisfações? Não! Eu não gostaria de voltar aos 20, aos 30, nem mesmo aos 40 anos. Tantos aprendizados com os erros cometidos em novas experiências, conquistas, perdas e ganhos, momentos de amor, vida! Vida construída e moldada por nossas escolhas a cada momento, e escolher é renunciar.

Tenho escolhido a sabedoria, a experiência e os tesouros acumulados pelo tempo de vida já vivido; a segurança de me saber e aceitar como ser humano, o aprendizado deste grande mistério que é o Amor. Renunciei à pele esticada, ao tônus muscular rijo, à ilusão da aparência jovem que esconde a insegurança sobre as próprias capacidades, a culpa das impossibilidades e dos desejos reprimidos, a ignorância da superficialidade, a ansiedade e o medo do futuro incerto.

Por outro lado, adquirimos com os anos a sabedoria necessária para uma mudança de valores, até então superficiais, como a simples preocupação com a aparência, a insatisfação com a imagem física, a fuga de dificuldades através do atordoamento, a busca de sucesso como auto-afirmação, por outros mais profundos e verdadeiros — como estamos nos expressando e manifestando para o mundo, a descoberta de nossas arestas e dificuldades, a realização de nossos feitos e nossa evolução como seres humanos, a compreensão das dificuldades do outro, a transmissão do amor para os nossos semelhantes.

Meses depois, recebi um convite de Paulo Coelho para mais uma busca interior e embarquei para a Espanha rumo a uma das mais fortes experiências de minha vida: a peregrinação a pé e solitária pelo estranho Caminho de Santiago, tão falado por Buñuel e pelo próprio Paulo Coelho. Durante o caminho, 846 km de trilhas subindo e descendo montanhas, apesar dos "enta" e fumante de vida sedentária, entre as muitas descobertas importantes, uma em especial me marcou para sempre: "Não sou levada por meu corpo; eu o levo aonde quero!" A segurança desta descoberta permaneceu comigo.

E o que isto significa? Quem é este "eu" que leva o meu corpo?

A nossa vontade é mais forte que as limitações físicas determinadas por nosso sistema de crenças, o que não invalida o desgaste natural da idade, sempre muito menor do que nós o fazemos ser.

Depois da vivência no Caminho de Santiago, voltei-me para novas atividades. Achei que tinha o que compartilhar, ousei um passo mais largo e escrevi o livro *A magia do caminho real*. Falei sobre minha vida, angústias, idéias; sobre o Caminho de Santiago e a descoberta da magia do cotidiano... As cartas que recebi de leitores do país inteiro me gratificaram e estimularam.

Comecei um segundo livro, descobrindo dentro de mim habilidades antes nunca sonhadas, e ousei mais uma vez: falei sobre as dificuldades dos relacionamentos e compartilhei o que havia aprendido nas crises de um casamento de trinta anos. Lancei o *Resgate de um casamento* e novamente chegaram cartas de pessoas que se identificaram, ou que necessitavam apenas de algum conselho e outras querendo compartilhar suas experiências.

A descoberta deste novo talento, mais compatível com minha idade e o temperamento mais reflexivo, me proporcionou uma realização inesperada.

Lentamente modifiquei alguns hábitos me adaptando à nova fase (outras virão e criarei novos projetos). Em vez do corpo me dediquei mais à alma, encontrando o prazer de estar comigo, a alegria do agradecimento ao Divino pela maravilhosa aventura que é a descoberta de nossos potenciais em nossa passagem pelo planeta Terra.

Veio uma nova crise: a da escolha entre o sucesso profissional e a vida amorosa com meu marido, inconformado com o abandono que minhas constantes ausências, dando workshops pelo mundo, provocaram. Re-escolhi meu casamento e fui re-escolhida.

Fui obrigada a mudar de cidade (por exigência profissional de meu marido), de hábitos, de casa, adquirindo novos amigos e experiências.

Adaptei-me, gostei, cresci.

Estou convencida de ser esta a nossa função maior na vida, o porquê da transformação inexorável trazida pelo tempo: estamos aqui para nos conhecer sob todos os aspectos, de todas as formas e em todas as etapas; nos descobrir, não como pequenos miseráveis, mas em nossa verdadeira natureza de Divinos Filhos de Deus!

Para que isso possa se realizar, é preciso vencer as barreiras dos velhos e limitadores sistemas de crença, da inércia, do medo e do apego; é preciso ousar! Ousar descobrir, além das aparências e das crenças, "Quem sou Eu?".

Aqui estou, pronta a começar esta nova tarefa que já está em meu computador mental; falta apenas colocar no papel. O difícil é a gestação, e a minha demorou vinte anos. O parto será com amor.

Gostaria de mais uma vez colocar a minha gota d'água para ajudar a apagar o incêndio de alguns corações. Por um só, já vale a pena, pois com ele o mundo já mudou!

Afinal, somos o universo se manifestando!

1

A REALIDADE ESTÁ NO AVESSO

*"Em verdade vos digo que, se não vos converterdes e
não vos fizerdes como meninos,
de modo algum entrareis no reino dos céus."*
(Mateus 18:3)

Passamos, sem perceber, grande parte de nossa vida num estado de automatismo e repetição, interno e externo. A atração exercida pelo mundo que nos rodeia, a busca da sobrevivência, o enorme número de informações e repressões a que somos submetidos diariamente nos induzem à perda de contato com a única coisa que realmente importa: nós mesmos.

É assustador esse estado de alienação total que nos transforma em robôs obedecendo a ordens, quase nunca questionadas, dos outros e do sistema.

Quem sou?

Essa é uma pergunta que, quando formulada, faz com que enganosamente nos respondamos baseados em impressões muitas vezes projetadas ou fruto de julgamentos superficiais de outros. Influenciados, acatamos essas opiniões sem questionar, satisfeitos ou não, e atuamos inconscientemente de forma a confirmá-las. Vejo a personalidade sendo formada pelos acontecimentos experienciados, pelos conceitos emitidos sobre nós durante a infância (por amigos, professores, familiares e principalmente pais), e absorvidos como verdades absolutas. Conceitos muitas vezes contraditórios, desabonadores ou apenas resultado de expectativas sobre nossa atuação; outros, ainda, mal interpretados pela cabecinha infantil.

Em determinado momento, olhamos para essa colcha de retalhos e vemos envergonhados um reflexo desfigurado: "Sou assim..."

A necessidade de ser aceito e amado nos obriga a um artifício para esconder do mundo as feições disformes. Criamos uma ou várias máscaras, imitações de modelos idealizados, que nos habilitam ao convívio social, obtendo uma relativa aceitação. A necessidade e o esforço em construir as defesas para esconder as características que introjetamos, e das quais nos culpamos, geram um nível de tensão e culpa insuportáveis. O medo de sermos descobertos nessa mentira profunda produz a fuga do contato consigo mesmo. Numa tentativa de esquecer e escapar da visão assustadora, voltamos nossa atenção apenas para as ofertas do mundo exterior, ao qual nos apresentamos com o "falso eu", e nos esquecemos de nós mesmos.

Esse pseudo-esquecimento, ou narcotização pelos sentidos, é o que chamamos de sono profundo.

Estar desperto é estar consciente de quem somos atrás das máscaras e ir mais além; é a descoberta do sujeito que olhou a colcha de retalhos tecida pela ótica de terceiros, achando que a imagem, disforme e mal desenhada, era a sua.

Atrás da falsa idéia e das máscaras, *no lado do avesso*, permanece desconhecido o impecável modelo original.

Quem era esse ser ? Quem é? Quem sou?

2

QUEM SOU?

Este é um curso para pessoas que querem assumir a responsabilidade sobre a sua própria força!

Quem sou? O que pretendo resolver?

Somos o que pensamos.

Precisamos de um tempo para ver e questionar nosso sistema de crenças construído com as informações recebidas e tomadas como verdades absolutas durante a vida, e a partir das quais moldamos nossa realidade.

Mesmo os cientistas, tão cautelosos e lentos nas afirmações, descobrem novas verdades que fazem com que reconsiderem as primeiras.

Galileu, o pai da ciência, abriu mão dos paradigmas aristotélicos, confrontou o Papa e comprovou que o Sol era o centro da Galáxia e não a Terra. Foi perdoado pela Igreja apenas em 1994, mas tivemos alguns séculos de avanço pela sua ousadia. Valeu a pena! Vários outros também o questionaram e mais verdades foram descobertas...

Por que não fazemos o mesmo? Por que não ousar mais um passo? Vamos nos dedicar a nos conhecer e ao mundo em que vivemos.

Quem sabe descobrimos um tesouro, oculto pela colcha de retalhos?

Quem sabe descobrimos que é possível ser feliz?

Imagine primeiro o cérebro como um computador. Desde a vida intra-uterina, ele vem recebendo uma programação por meio das impressões que absorve da mãe. Logo ao nascer, uma imensa quantidade de informações o invade através dos receptores das células nervosas — informações muitas vezes decodificadas de forma diferente ou distorcidas pela natureza individual. O computador interno vai sendo programado com boas e más informações, gravadas definitivamente nos neurônios. A partir da adolescência, com a capacidade de armazenamento esgotada, aumentam os conflitos e, através da química cerebral e dos hormônios modificados, nosso computador, com as impressões recebidas, passa a reagir impulsivamente ao exterior. As novas informações que adquire, por falta de espaço, vão para um outro compartimento: a memória.

Entre as informações anteriormente gravadas nos neurônios, grande parte é negativa ou destrutiva, outras resultantes de acontecimentos desagradáveis reais, e muitas outras distorcidas pela falta de compreensão de fatos naturais, que provocaram e ainda provocam medo.

Esse conjunto de informações, normalmente incorporadas como verdades, é organizado pelo processador mental como uma fórmula de ajuda para a realização de nossos desejos. Em algum momento, parece funcionar e pensamos: "Aí está, encontrei a forma correta de me conduzir no mundo para conseguir o que quero!" Acomodados, generalizamos o processo e passamos a usar a mesma fórmula em todos os acontecimentos, sem nunca mais questioná-la.

Alguns percebem pelos resultados negativos que algo está errado, se dedicam então a modificar a fórmula e conseguem um resultado animador. É a importância da vírgula, que produz diferentes interpretações. Outras fórmulas, apesar de modificadas infinitas vezes, produzem sempre o mesmo resultado desanimador. Um pouco mais de atenção nos revelaria que a razão do resultado negativo está nos ingredientes, nas verdades reunidas, nos sistemas de crenças que produziram a fórmula, e não em sua organização.

As crenças são a origem de nossas fórmulas de comportamento, daí a necessidade de questioná-las. Com elas desenvolvemos vários hábitos de defesa ou *padrões de comportamento* (construídos com a finalidade de alcançar nossos objetivos ou interagir com pessoas que nos ameaçam de diversas maneiras), sem nunca nos darmos um tempo para corrigi-los. Desta forma, usando os mesmos padrões de comportamento vamos nos repetindo, cometendo os mesmos erros (ainda que com disfarces diferentes) e vivendo situações negativas, sucessivamente.

Esse trabalho busca conhecer os mecanismos de repetição negativos, descobrir os *Principais Padrões de Comportamento Destrutivos* (as fórmulas) e neutralizar os desnecessários ou que mais nos prejudicam.

Para alguns, o vício do sofrimento, a infelicidade e o lamento são hábitos agradáveis e que podem encontrar excelentes justificativas físicas, familiares, sociais e espirituais. Outros desejam castigar terceiros com sua dor, para que os culpados sofram: é a sede de vingança. Veja se este é o seu caso e qual é o seu ganho com a dor.

Será que vale a pena? Até quando a sua escolha será reviver os próprios dramas? O Amor aguarda pacientemente o momento de uma escolha diferente...

Responda ao questionário a seguir da forma mais honesta e pormenorizada possível e releia-o ao final do curso.

Saiba que, apenas tirando do abstrato e colocando no concreto (como um auto-retrato), é possível constatar as visões distorcidas e corrigi-las com as ferramentas indicadas. Só passe para o próximo capítulo quando o seu Histórico Pessoal estiver pronto.

Atenção! Não se sabote! Este é o momento para que você escolha conscientemente o que quer viver!

EXERCÍCIO 1: HISTÓRICO PESSOAL

Escreva um perfil pormenorizado de sua vida atual usando os seguintes itens, apenas como roteiro:

1 – Quais são as suas fraquezas?
2 – Quais os seus sucessos?
3 – O que mais gosta em si mesmo?
4 – Como se sente quando está só?
5 – Quais as suas atividades preferidas?
6 – Como se sente em seu trabalho?
7 – Que tipo de relacionamento afetivo está vivendo?
8 – Como vive a sua sexualidade: com naturalidade ou culpa?
9 – O que mais o irrita nas pessoas?
10 – Como é a sua saúde?
11 – Como acha que as outras pessoas o vêem?
12 – Qual o seu relacionamento com os seus pais?
13 – O que é difícil ou impossível para você?
14 – O que sabe fazer bem?
15 – Quais as suas culpas atuais?
16 – E as antigas?
17 – Escreva sobre a pessoa que gostaria de ser.
18 – Também sobre quem intimamente teme ser.
19 – Quais os seus sonhos?
20 – Quais as suas dificuldades com dinheiro?
21 – Quais os ressentimentos que guarda?
22 – Quais as pessoas que não gosta e por quê?
23 – Como foi a sua infância?
24 – O que o marcou mais profundamente?
25 – Como você via seus pais? Como os vê?

É muito importante que, ao final do livro, você releia o histórico e veja as áreas em que precisa usar as ferramentas que vai receber durante o curso.

3

O OBSERVADOR NO ESPELHO

"Espelho, espelho meu, existe alguém mais bonita do que eu?"

Qual é o papel fundamental do espelho?

"Tudo o que está em cima é igual ao que está embaixo", proclamava há milênios o grande sábio Hermes Trimegistos.

Todos nós, seres humanos, necessitamos de um espelho para descobrir no reflexo a nossa forma, o nosso aspecto, a nossa manifestação material. Precisamos igualmente desse reflexo no outro, para nos descobrirmos como somos.

Este é o princípio da psicanálise.

Passamos a vida projetando no outro o que reconhecemos em nós mesmos, conscientemente ou não.

Num caminho de conscientização ou crescimento pessoal o espelhamento é fundamental; é a única forma de nos tornarmos estrelas olhando estrelas, o que nos diferencia de todas as outras manifestações do planeta Terra.

Um professor, um mestre, um psicólogo, um amigo ou um livro podem nos ajudar nesse processo nem sempre simples e muitas vezes doloroso.

Identificamo-nos nos outros, em suas experiências, procedimentos, fatos, reações e explicações dos porquês de nossas próprias atitudes.

Em meus dezoito anos de atendimento, fui procurada por muitas pessoas que descobriram a necessidade de uma análise mais profunda de si mesmas, ou que resolveram determinados problemas através da compreensão obtida em livros, chamados por alguns pseudo-intelectuais, pejorativamente, de auto-ajuda.

É claro que, como em todos os setores, é preciso distinguir o que é válido ou não, a boa ou a má qualidade do produto adquirido. Sempre existiram e sempre existirão os aproveitadores e os charlatães.

Vivemos em um momento muito peculiar de final de milênio. As fisionomias sofridas e ansiosas das pessoas demonstram o resultado infrutífero na busca da satisfação e da realização.

Com o advento da era industrial o homem se identificou com o que realizava. O *fazer* comandava e qualificava uma pessoa. Em plena era do consumo, o homem projetou a sua felicidade no *ter* (a casa própria, o carro novo, os eletrônicos, o novo parceiro etc.) e descobriu surpreso que, por mais que obtivesse os bens desejados, o buraco interno e a sensação de fome e vazio, a tão falada carência, permaneciam, impedindo a desejada felicidade. Voltou-se, então, para dentro de si próprio buscando o *ser*.

Muitos caminhos foram abertos desde Freud, que deu o pontapé inicial em direção ao campo interno. Muitas pessoas encontraram respostas para suas angústias. Muitas idéias novas surgiram e muitos desejaram compartilhar o que haviam encontrado. Muitas palavras foram ditas, muitos livros escritos. Por que recusar a ajuda? Vivemos em um universo em expansão, crescimento e evolução. A harmonia pode ser observada em todos os aspectos da natureza, incluindo o que chamamos de catástrofes, que nada mais são do que elementos de renovação para que uma nova ordem possa surgir.

Da mesma forma, *a nossa vida tende a dar certo. Nós é que atrapalhamos...* Por quê? Como?

A nossa cultura tem uma base biológica anterior à filosofia: o animal/homem vivia em terras frias e hostis no Norte. Seus deuses eram exigentes e rígidos, com leis baseadas no princípio de escassez, numa projeção do que o próprio homem era obrigado a viver, desenvolvendo a força para domar a natureza. Havia também os habitantes das terras quentes e ensolaradas do Sul, as ilhas do Pacífico, consideradas paraísos de liberdade e prazer, onde reinavam os deuses da alegria e da abundância, mas que foram contaminadas com a chegada dos missionários do Norte. Instalou-se, então, pela força, *a cultura do pecado, da culpa e do julgamento*. Nessa cultura, com base na crença da escassez, só a criança tem liberdade para usufruir o prazer e, assim mesmo, apenas até a chegada da sexualidade... daí em diante o prazer também é proibido.

Por incrível que pareça *o medo do prazer* tem a ver com a vaidade cultural, uma verdadeira *ode* à tragédia, ao sacrifício e à melancolia. Nossos valores são os do deus castigador que ainda cultuamos e que se alimenta do sacrifício, do sofrimento e da dor. Condicionamo-nos ao antiprazer. Apenas nos é permitido o prazer da renúncia, apoiado pela vaidade de sermos fortes e capazes de sacrifícios tão grandes. É a única maneira de mostrarmos como somos bons e, conseqüentemente, sermos aceitos.

Até os dias de hoje, às vésperas do terceiro milênio, ainda não conseguimos a reversão do sofrimento para o prazer, visto sempre como pecado. O correto para esse sistema cultural é matar-se de trabalhar por onze meses e ter direito a apenas um mês de férias, normalmente mal aproveitado pela sabotagem que a culpa de se dar prazer acarreta; é se aposentar depois de anos de trabalho frutífero e, em lugar do respeito à experiência, ser marginalizado pela idade; é a pressão social em que vivemos — em meio a tanta doença e miséria provocadas pelo acúmulo dos "pecadores" e não pela ignorância incentivada pelo poder — que gera a culpa do prazer, formando-se uma idéia coletiva de que alegria e abundância são pecados inadmissíveis nesse mundo. Aquele que ousa ter dinheiro, felicidade ou sucesso torna-se imediatamente alvo de críticas, difamações e invalidações de toda ordem; é a necessidade de derrubar e sacrificar os que contrariam o sistema para, mais uma vez, provar que é impossível ser feliz!

A fábula da cigarra e da formiga retrata perfeitamente a culpa de ser feliz. A cigarra alegre é castigada porque canta no verão, enquanto a sisuda formiga, que trabalha sem prazer, é contemplada...

Condenamos o outro na ilusão de conseguirmos a liberdade, sem perceber que nos oprimimos em vez de nos libertar.

É preciso um tempo; tempo para ver e questionar todas as crenças, superstições e projeções, inoculadas em nossos neurônios por gerações e gerações de visão distorcida, fruto da ignorância em que vivíamos.

O objetivo desse livro é ajudar esse questionamento. A proposta é uma viagem em direção à descoberta do ser adormecido e impecável em nosso interior. Não é fácil, pois nos arriscamos a encontrar no caminho o carcereiro que habita zonas obscuras dentro daquela colcha de retalhos que tememos ser. Estamos habituados a viajar mais facilmente para o exterior, em direção aos outros, a metas ilusórias, e a colhermos decepções e frustrações como castigos de Deus. É ruim, mas é conhecido, dizem alguns.

Os que cansaram de sofrer e desejam despertar do pesadelo em que vivem, preparem-se: vamos viajar, de dentro para fora e de fora para dentro, num processo de integração, para que o caminho possa ser real.

Procure cumprir todas as etapas conforme indicadas e dedique-se a si mesmo por uns dois ou três dias apenas. O resultado deste pequeno esforço poderá vir cheio de surpresas e de algumas mudanças significativas para melhor.

EXERCÍCIO 2

Responda sinceramente a essas perguntas, por escrito:

1 – Qual é a qualidade dos seus dias?
2 – Você tem trabalhado para ter?
3 – Entre o que tem, o que se transformou em carga desnecessária?
4 – Entre as coisas que possui, quais você realmente necessita?
5 – Quais lhe trouxeram verdadeiro prazer?
6 – Entre as que deseja ter, quais realmente precisa?
7 – Suas aquisições lhe permitem sentir prazer em todos os momentos?
8 – De que forma o esforço para adquirir mais coisas lhe impede desfrutar o que já possui?
9 – Você consegue dar para alguém que necessite algo que já não desfrute?
10 – Como poderia simplificar sua vida?
11 – O que é mais importante que o seu bem-estar?

Nesta semana, procure ver a beleza nas coisas simples à sua volta e permita-se abrir mão de alguma coisa desnecessária ao seu bem-estar.

4

ATENÇÃO, ESFORÇO E RESPONSABILIDADE SÃO O CAMINHO REAL

Nossa única responsabilidade consiste em sermos felizes aqui na Terra; apenas na alegria podemos chegar ao Amor, à Criação e a Deus!

Costumo dizer que a felicidade não é gratuita. Depende de *atenção, esforço e responsabilidade*; três qualidades das quais normalmente as pessoas fogem. É uma fuga inútil e que inevitavelmente levará ao desastre.

A *atenção* é necessária a qualquer atividade cotidiana; sem ela cometeremos erros de toda espécie. Creio mesmo que um dos maiores problemas do planeta é a dispersão de nossos sentidos, atraídos pela multiplicidade de chamados externos. Além dos apelos naturais, somos bombardeados com um sem-número de informações a cada segundo (99% de lixo cultural), sem que tenhamos tempo de digeri-las.

Pela falta de *atenção*, perdemos um elo em nossa história (elo incessantemente procurado pelas antigas tradições místicas e religiões atuais), o que nos desconectou da sabedoria.

Preocupados com as atividades do dia-a-dia, não priorizamos o que é devido: a reintegração com a natureza, o conhecimento das leis que governam o planeta e o despertar da hipnose destruidora (um estado mental induzido artificialmente, semelhante ao sono, e no qual se obedece às sugestões da voz de comando externa). Distraídos e acomodados, nos perdemos acreditando ser este o estado natural do homem. Entramos em um encantamento tão grande com nossos problemas, com as nossas criações que, entorpecidos, esquecemos as do Criador, perdidos do verdadeiro sentido da Vida!

Encerrados em cárceres de cimento e grades de ferro, separamo-nos da realidade sagrada, acreditando no pesadelo incoerente de nossas projeções.

Dizem os estudiosos que temos 16 mil pensamentos por dia, mas o terrível é que 90% deles são os mesmos de ontem, de anteontem etc.

Perdidos na repetição, pela desatenção e pela resistência ao esforço, e desligados de nosso verdadeiro ser, confundimos *esforço* com *luta*. O primeiro é uma condição natural imposta pela própria vida. Desde o momento em que nascemos, estamos sujeitos à lei do *esforço*: para respirar, para mamar, para crescer... e ainda antes do nascimento, já estamos nos esforçando na multiplicação das células e concluindo o corpo para a experiência no planeta azul.

A *luta* é cultural, imposição do poder, efeito hipnótico do sistema embasado na crença da escassez, no pecado e na culpa. A competição é a regra do sistema e a culpa é o que sobra aos "perdedores" sensíveis, que não se adaptaram às exigências.

Um peso social e irreal foi colocado em cima da *responsabilidade*, obrigação originalmente natural ao ser humano desde a Idade da Pedra. Se não nos responsabilizássemos pela nossa sobrevivência (começando pela nossa respiração), não teríamos chegado aos dias de hoje, vencendo a natureza por vezes tão hostil ao homem. É parte do instinto de sobrevivência.

A *culpa* (que considero o grande mal da humanidade) foi criada pela necessidade do *poder* e é um conceito usado como arma de manipulação dos mais fracos. Incentivados a confundir *responsabilidade* com *culpa,* fugimos de uma (saudável), para cair na outra (destruidora). Uma é instinto de autopreservação, a outra projeção e manipulação!

A hipnose, a luta e a culpa são *reações destrutivas e culturais.*

A atenção, o esforço e a responsabilidade são *ações necessárias e naturais.*

EXERCÍCIO 3: EXAME INTERNO

1 – Por que e como começou a sua busca interna?
2 – Por quais caminhos andou?
3 – Qual foi o seu primeiro grande salto?
4 – O que descobriu em si?
5 – Como foi recebido por parentes e amigos quando quis compartilhar sua nova visão?
6 – Como foi deixar cair no esquecimento o que já havia aprendido?
7 – Por que voltou a se buscar?
8 – Quais as pessoas que o ajudaram?
9 – O que fez por elas?
10 – Quando se deu verdadeiramente para ajudar a alguém?
11 – Em que momento veio a tentação de parar sua busca?
12 – O que o fez seguir de novo?
13 – Está disposto a dar-se atenção, a fazer esforço e assumir a responsabilidade sobre si mesmo?
14 – Quando, ao ficar sem nada, recebeu tudo?

5

MÃE TERRA

"Como anseios da terra, as árvores se colocam na ponta dos pés para alcançar o céu."

(Tagore)

A tendência das pessoas a se reorganizarem em grandes unidades é mundial, até que todo o planeta comece a funcionar como um único sistema. Num nível mais profundo, a união das mentes já está acontecendo através da informática, das redes de computadores, da televisão etc. E num terceiro nível, a união das consciências, alma com alma...

Costumo refletir por meio de observação, metáforas e analogias.

Segundo Jesus Cristo, *"Se conhece a árvore pelos frutos que dá"*. Desta forma, mostrou claramente a Lei de Ação e Reação e a compreensão de que se nos é difícil conhecer as árvores (as ações), que dirá as sementes (os pensamentos) que as geraram!

Habituei-me a observar a natureza e tê-la como minha grande mestra; daí a comparação com as árvores e sua auto-organização. Os frutos são os resultados de nossas ações: amargos ou doces, de acordo com o que plantamos. As flores, os momentos de pura alegria, de amor e de doação. Flores e frutos são o resultado final dos ramos, ou seja, o efeito do que causamos com nossos padrões de comportamento. O tronco é determinado pela qualidade da percepção com que, durante a vida, observamos o mundo à nossa volta; a forma como nos organizamos internamente para viver, baseados nas informações que recebemos dos pais, religião, meio e cultura, durante a infância. As raízes, as emoções básicas que determinam a natureza da árvore ou do que somos. Vejo também os fungos, que são a qualidade da energia que alimenta essas raízes: defesa e ataque ou confiança e entrega. E, finalmente, as sementes, *os pensamentos*, a verdadeira e única origem da manifestação.

Em meu trabalho, atuo apenas nas sementes, nos fungos e nas raízes emocionais. A grande pesquisa é descobrir que tipo de sementes plantamos... e mais, com que energia as alimentamos.

Em uma árvore, da mesma forma que entre os homens, existem conexões e interdependências em todos os níveis; cada nível interagindo e se comunicando com outros conjuntos de sistemas (ecológico, social, familiar etc.). Cada subsistema é um organismo relativamente autônomo, ainda que parte de um todo maior (de mútua interdependência); os caminhos de comunicação entre as partes não são lineares e sim altamente complexos.

Funcionamos de forma igual: somos indivíduos relativamente independentes, ainda que parte de uma coletividade organizada em famílias, sociedades e culturas diversas que se comunicam complexamente entre si. Assim também as nossas raízes emocionais, incentivadas pela nossa programação familiar, pelo meio em que fomos criados e pelo sistema, têm uma ampla atuação nos acontecimentos de nossa vida e nas dos que nos cercam.

Ainda que independentes, interferimos e sofremos interferências de todas as ordens e em todos os momentos. Individualmente, criamos os acontecimentos de nossa vida, mas como estamos complexamente conectados com todos os sistemas, também exercemos influência através de nossa interação. Influenciados, influenciamos diretamente o meio, num círculo vicioso e sempre obedecendo ao princípio básico de auto-organização.

Comece pelo mais óbvio: observando cuidadosamente os frutos e as flores de sua árvore.

O que estou produzindo? O que estou colhendo? Vamos verificar os galhos e ver onde estão precisando de poda. O tronco e as raízes, de que estarão se alimentando? E, finalmente, verificar se estamos satisfeitos com a qualidade do que está sendo semeado... caso contrário, é preciso jogar fora este tipo de sementes, ainda que tenham sido indicadas por pessoas queridas (foram felizes? colheram bons frutos?), ou normalmente usadas pelo sistema em que vivemos.

Tenho de estar consciente de que semeio a minha vida com o que sei e aprendi; com o meu sistema de crenças do que é certo ou errado; com o que intimamente acredito e que muitas vezes é completamente diferente do que desejo.

E se as sementes de rosa que penso estar plantando forem, na verdade, sementes de cebolas? O que vai nascer em meu jardim?

Tenho de parar e questionar... Tenho de ouvir outras verdades... Tenho de ousar um plantio diferente! Mas, para mudar, é necessário *esforço*; tenho de estar forte e bem seguro internamente.

Crer e criar são frutos da mesma árvore; crer, criar, escolher e aceitar são uma só verdade.

Sugiro alguns minutos de reflexão e meditação, para que, através da conscientização de que estamos conectados à Fonte Primal, possamos extrair a força necessária ao trabalho que vamos empreender.

EXERCÍCIO 4: VISUALIZAÇÃO

Apague as luzes e sente-se confortavelmente; feche os olhos e inspire lenta e profundamente... Expire completamente, sentindo-se vazio da desordem e do tumulto. Repita a respiração algumas vezes, suavemente. Coloque a sua atenção no seu cóccix, na base de sua coluna.

Com sua visão interna, crie uma linha de força e energia — da sua própria energia vital —, estendendo-a, da base de sua coluna vertebral até o chão, e daí para o centro da terra. Siga essa linha enquanto ela viaja descendo, aprofundando-se mais e mais, atravessando as camadas da terra abaixo dos seus pés.

Enquanto a linha de força e energia continua se aprofundando em direção ao interior, coloque a sua atenção no centro da terra, onde você se vê numa imensa caverna; olhe para o teto e veja a sua linha de conexão, descendo do espaço em direção a um foco de luz prateada à sua frente, bem próximo de você.

Perceba a sua transformação, enquanto ela vai se tornando mais grossa, forte, poderosa, bonita e saudável, com o aspecto de um forte tronco de árvore; veja agora como essa linha de energia, já um tronco poderoso, vai se subdividindo, enraizando, mais e mais, se estendendo e aprofundando na terra úmida e saudável.

Sinta o cheiro das raízes e da terra... Essas raízes se estendem, viajando quilômetros e quilômetros em direção ao coração da terra. À medida que vão se espalhando, você vai se sentindo mais e mais envolvido pela força e pelo amor da Mãe Terra; tão fortemente enraizado, que a única coisa no universo inteiro que pode desconectá-lo é a sua vontade.

Traga agora para essa caverna um acontecimento que tenha lhe provocado dor, raiva ou ansiedade. Sinta tudo isso por um momento. Deixe as emoções se tornarem fortes como foram originalmente.... Permita agora que essa emoção ou o conceito da emoção (o seu julgamento do evento que criou a emoção) tome a forma de folhas e galhos secos, escorrendo pela linha de energia transformada em poderosas raízes, em direção ao coração amoroso da Mãe Terra.

Observe-os aí, sendo absorvidos e transformados pelo Amor em poderoso adubo de compreensão, aceitação e paz. Sinta!

Já transmutadas, mais fortes e brilhantes, as suas raízes tomam o caminho de volta, atravessando todas as camadas, até chegar à caverna onde você está.

Aí chegando, a luz prateada (anteriormente apenas um foco de luz) explode em múltiplas luzes, iluminando toda a caverna e entrando no tronco de árvore, que é a sua linha de força vital, viajando com você até a base da sua coluna, de volta ao seu corpo físico. Pare aí por um momento.

Sinta o amor se espalhando por seu corpo inteiro, seu ser, sentindo-se completamente seguro, sereno e em paz.

Vá se conscientizando novamente de todas as partes do seu corpo físico, enquanto lentamente abre os olhos e espreguiça suavemente, pleno de alegria e amor.

6

FELICIDADE: MAGIA OU REALIDADE?

"E tudo o que pedirdes ao Pai em meu nome eu vo-lo farei... Se me pedirdes alguma coisa em meu nome, essa vos farei."

(João 14:13,14)

Vivemos em uma sociedade em que a palavra *felicidade* nos chega como uma total impossibilidade para essa vida. "Quem sabe em outra?", se perguntam os mais esperançosos.

Exigem-nos uma série de comportamentos perfeitos, impossíveis de serem cumpridos por simples seres humanos. Aquele que ousa se dizer *feliz* é imediatamente tachado de alienado, irresponsável ou louco.

Nessa mesma sociedade, a palavra *magia* (ciência oculta com que se pretende alcançar o domínio do homem sobre a natureza) sofre uma série de interpretações errôneas, colocando-a ao alcance de apenas alguns seres especiais e escolhidos (por quem?). Basta um olhar mais observador e a descobrimos em nosso cotidiano.

Por outro lado, a *realidade* nos é apresentada de uma forma desvirtuada e por que não dizer cruel, onde a vida é uma luta e o realista uma pessoa preocupada, tensa, amarga e triste com os escassos recursos que estão à sua disposição para sobreviver, se souber lutar...

Proponho uma visão real, uma idéia de vida em que as três palavras, *felicidade, magia* e *realidade*, estejam interligadas por uma mesma conotação, e que juntas nos transportem ao que nos é reservado por direito de nascimento — o paraíso Terra!

Utopia? Fantasia? Apenas um pouco de conhecimento do verdadeiro universo que compartilhamos, pondo fim à hipnose coletiva de uma percepção viciada na ignorância e incentivada pelo poder, o grande interessado em nossa infelicidade, seu alimento principal. A grande arma desse senhor poderoso é a *culpa,* barreira aparentemente intransponível que nos separa de Deus e do Amor, a única realidade.

O conceito do conhecimento científico, a verdadeira interpretação, aplicado pelo leigo em sua própria vida, contraria o sistema, pois torna-o um ser livre, o que verdadeiramente é: *deus* de seu Universo Pessoal.

O que nos distingue dos animais é o fato de possuirmos senso e razão, já dizia Descartes. O problema é como aplicamos essa razão.

Quando estamos começando uma tarefa, o número de dificuldades é tão grande que é comum desanimarmos ou mesmo nem ousarmos, calcados em nossa incapacidade de realizá-la.

É preciso apenas dar o primeiro passo e depois mais outro e outro... Quando subimos uma montanha, é muito difícil olhar para o alto e ter forças para subi-la. Contudo, se fixarmos o olhar apenas no passo seguinte, sem percebermos, atingiremos o cume. Se presos ao passado, que é o presente que não conseguimos suportar, o peso de nossas culpas, vitórias e frustrações não nos permitirá caminhar. Se olharmos muito à frente, ali estará a morte nos esperando: por que não fazer alguma coisa agora?

A vida é o presente! Só existe este momento de caminhada em direção a outro presente. Pensar com razão é trazer o passado ao presente, sem se deixar influenciar por ele, sabendo que passado são imagens de fatos que não voltam mais porque já foram presente.

Para alcançar a liberdade de *ser*, aqui e agora, é necessário um exame detalhado que mostre claramente nossas principais características de personalidade e suas várias facetas, que não são necessariamente coerentes entre si.

O exercício a seguir, feito com atenção e senso crítico, o ajudará em algumas descobertas.

EXERCÍCIO 5: LISTA DE TRAÇOS DE PERSONALIDADE

Faça a marcação da seguinte maneira: coloque — (nenhum), X (pouco), XX (mais ou menos) ou XXX (muito) segundo o peso de cada traço de sua personalidade.

___ ATRASADO
___ IMPREVISÍVEL
___ DESISTE FACILMENTE
___ NEGLIGENTE
___ GASTADOR
___ CONFUSO
___ PROTELADOR
___ CULPA OS OUTROS
___ INVALIDADOR
___ NÃO ACEITA ELOGIOS
___ VÍTIMA
___ MAGOA-SE FACILMENTE
___ INDECISO
___ JUSTIFICADOR
___ PRECISA DE PERMISSÃO
___ DESINTERESSADO
___ NÃO SE ENVOLVE
___ NUNCA ELOGIA
___ SEM ENTUSIASMO
___ TÍMIDO
___ SADOMASOQUISTA
___ MESQUINHO
___ COVARDE
___ PLANEJADOR COMPULSIVO
___ ORGULHOSO
___ CONTROLADOR
___ AUTORITÁRIO
___ FÓBICO
___ DIRETO EM EXCESSO
___ BUSCA STATUS

___ FOFOQUEIRO
___ SE FAZ DE BURRO
___ PROFETA DA DESGRAÇA
___ TEMPERAMENTAL
___ ANSIOSO
___ SEMPRE APRESSADO
___ IRRITADO
___ ARROGANTE
___ VAIDOSO
___ EXIBICIONISTA
___ VINGATIVO
___ POSSESSIVO
___ JULGADOR
___ INDOLENTE
___ PERFECCIONISTA
___ ADULADOR
___ ESPECTADOR
___ VIVE ATRAVÉS DO OUTRO
___ FAZEDOR COMPULSIVO
___ MELANCÓLICO
___ NEGATIVO
___ EXPECTATIVAS IRREAIS
___ CRÍTICO
___ INTERESSEIRO
___ INSATISFEITO
___ DUVIDADOR
___ CONDESCENDENTE
___ AGE SEM PENSAR
___ PASSIVO
___ SEM INICIATIVA

___ NARCISISTA	___ RESIGNADO
___ DIFICULDADE EM DIZER NÃO	___ EXPLOSIVO
___ DOMINADOR	___ SEXO COMPULSIVO
___ INTIMIDADOR	___ FALADOR COMPULSIVO
___ MANIPULADOR	___ AUTODESTRUTIVO
___ INVASOR	___ DONO DA VERDADE
___ SARCÁSTICO	___ HOSTIL
___ BRUSCO	___ REBELDE
___ AGRESSIVO	___ DEFENSIVO
___ VINGATIVO	___ TEIMOSO
___ DESAFIADOR	___ PERGUNTADOR
___ ACUSADOR	___ NÃO SE COMUNICA
___ PREGUIÇOSO	___ LAMURIENTO
___ SEMPRE ENCONTRA ERROS	___ RÍGIDO DE PENSAMENTO
___ INDIVIDUALISTA	___ EXAGERADO
E OUTROS...	

Continue a marcação, avaliando os traços em que marcou XXX. Faça nova avaliação remarcando, até chegar a dois ou três traços apenas, os mais fortes e marcantes em sua personalidade. Verifique de que forma usa esses traços e em que situação eles são acionados impulsivamente.

Exemplo:

a – Quando alguém me deixa inseguro, torno-me agressivo.

b – Quando estou carente de atenção, me faço de vítima, adoecendo ou mostrando o quanto ajudo a todos e ninguém reconhece etc.

c – Quando sou ferido em minha vaidade ou orgulho, fico ressentido ou me vingo.

Veja qual a reação que aparece com mais freqüência; esse pode ser o seu **PADRÃO PRINCIPAL DE COMPORTAMENTO DESTRUTIVO**.

7

AÇÃO E REAÇÃO

"Você não pode provar uma definição;
o que pode é mostrar que faz sentido."
(Einstein)

A Criação é regida pelo Amor e enquanto gerarmos causas contra ele, receberemos efeitos negativos, não como punição, mas como resultado da opção pela destruição.

A Lei de Causa e Efeito, Carma ou Ação e Reação (todos querem dizer a mesma coisa) nasce do Amor, que é a liberdade de escolha.

Estamos numa macroescola chamada Terra, buscando o conhecimento necessário para aprender a amar. O que vulgarmente é chamado de Carma, com a conotação de destino ou castigo, é o resultado de lições não aprendidas.

A recusa ao Amor é a opção pelo sofrimento ou a ignorância de que o criador e senhor do Carma ou do destino somos nós mesmos. A dor permanecerá enquanto não aprendermos a amar e ninguém pode abaixar a cruz do Carma por nós: cada um tem de fazê-lo por si mesmo!

A Terceira Lei de Newton diz: "Para cada ação existe uma reação de mesma força e sentido contrário." *A terceira lei significa que se um corpo empurra um segundo corpo, o segundo corpo empurra de volta o primeiro com a mesma força na direção oposta.*

A Lei de Ação e Reação é um primeiro exemplo de conhecimento científico que, incorporado ao nosso cotidiano, é profundamente transformador. Com a consciência do seu significado, podemos construir nossa vida com pouca margem de erro.

Vivemos em um universo de forças; somos um conjunto de átomos, uma usina atômica, emitindo energia (força) que vai ao encontro a outras forças, que empurram de volta para nós a força emitida. Comunicamo-nos através dessas energias e experienciamos o que emitimos apenas quando nos é empurrado de volta.

É a justiça divina comprovada pela física.

Criamos os eventos em nossa vida através de nossas ações e reações ao outro, o qual é o pretexto, o incentivo para a nossa ação, a parede contra a qual atiramos uma bola de energia que nos é devolvida para experienciarmos o que estamos emitindo. O que pensamos estar fazendo ao outro fazemos, em verdade, a nós mesmos!

Somos um campo de energia eletromagnético (elétrica – emissão, magnética – atração), portanto o que emitimos é atraído de volta; a energia que enviamos sempre retorna ao ponto de partida. Costumamos ficar agradecidos ou injuriados com o que recebemos. A realidade profunda mostra que fomos nós os criadores das situações. O grande impulso criativo de nossas experiências é a qualidade de nossas reações ao que nos é enviado.

O outro também nos usa para criar sua própria experiência, consciente ou inconscientemente, mas somos nós que decidimos se queremos ou não receber (sendo parede ou porta aberta) o que nos está sendo enviado externamente. Só não podemos evitar o retorno de nossas próprias emanações!

Somos seres plásticos e adaptáveis. Fomos educados para reprimir vários instintos naturais. Por que não desenvolver o *músculo emocional*, que, atrofiado, nos impele a reações desastrosas? Aprendendo a frear a nossa re-*ação automatizada e emocional,* poderemos sem dúvida escolher o que queremos criar em nossa vida.

A escolha é a chave; escolher é renunciar. A cada escolha criamos uma infinidade de efeitos e renunciamos a outros; cada evento tem uma infinidade de causas. O que determina o nosso futuro é o conjunto de escolhas que fazemos, *consciente* ou *inconscientemente* (se plantar sementes de erva daninha pensando que são margaridas, jamais colherei flores!).

Isso demonstra que o universo inteiro trabalha para criar a realidade e a grande magia é que nossas escolhas interferem decisivamente no que está sendo tecido nessa imensa tapeçaria que é a vida. Somos mágicos! Somos co-Criadores com Deus!

Partindo da realidade de que o universo é metamórfico, sabemos que o "pedi e recebereis" não é só uma questão de fé e sim de efetiva criação nossa! Toda a vida emana de nós, em tempo integral, já que estamos atuando de nós para nós mesmos.

A saída para o medo do desconhecimento das sementes que plantamos está no Novo Testamento, quando Jesus Cristo diz: "*Faça com o outro apenas o que quiseres que faça contigo.*"

Emitindo (aparentemente para o outro) apenas o que nos dá prazer, estamos criando o que queremos viver. Tornamo-nos positivamente egoístas em vez de bonzinhos ou mauzinhos.

Fazer as escolhas de nossas reações, visando ao que gostaríamos de receber, é ser, além de positivamente egoísta, também muitas vezes positivamente falso: é sorrir, quando a vontade é insultar; é ser compreensivo, quando a sede é de vingança; é calar, quando o desejo é criticar etc. *Mas é também vencer a si mesmo!*

Uma infinidade de escolhas estão à nossa disposição; vale a pena desenvolver o músculo emocional e escolher a alegria ao invés da dor.

Por ignorância, somos os nossos piores inimigos. Será que já é possível entendermos o significado de "Ame aos outros, como a ti mesmo"?

EXERCÍCIO 6: RELIGANDO

a – Recorde cinco acontecimentos desagradáveis de sua vida. Faça a ligação (re-ligar) entre a ação escolhida e a reação ao acontecimento.

Escolha (Ação)	Acontecimento (Reação)
1 – ____________________	1 – ____________________
________________________	________________________
________________________	________________________
________________________	________________________
2 – ____________________	2 – ____________________
________________________	________________________
________________________	________________________
________________________	________________________
3 – ____________________	3 – ____________________
________________________	________________________
________________________	________________________
________________________	________________________
4 – ____________________	4 – ____________________
________________________	________________________
________________________	________________________
________________________	________________________
5 – ____________________	5 – ____________________
________________________	________________________
________________________	________________________
________________________	________________________

b – Faça o mesmo com cinco acontecimentos agradáveis.

Escolha (Ação)	Acontecimento (Reação)
1 – ____________	1 – ____________
____________	____________
____________	____________
____________	____________
2 – ____________	2 – ____________
____________	____________
____________	____________
____________	____________
3 – ____________	3 – ____________
____________	____________
____________	____________
____________	____________
4 – ____________	4 – ____________
____________	____________
____________	____________
____________	____________
5 – ____________	5 – ____________
____________	____________
____________	____________
____________	____________

8

HOLOGRAMA: AS INFINITAS FACES DE DEUS

"Sente-se diante dos fatos como uma criança e prepare-se para sacrificar todas as noções preconcebidas; prossiga humildemente por toda a parte e por todos os abismos a que a natureza o levar, ou você não aprenderá nada."

(T. H. Huxley)

O físico David Bohm, Ph.D. da Universidade de Londres, protegido de Einstein e um dos mais respeitados físicos quânticos, e Karl Pribam, Ph.D, neurofisiologista da Universidade de Stanford, autor do clássico *Linguagens do cérebro*, partindo de caminhos diferentes chegaram à mesma e intrigante conclusão: o universo seria um gigantesco *holograma*.

Ainda que uma pequena parte da comunidade científica não esteja plenamente convencida, existem cada vez mais evidências de que o modelo holográfico explicaria o inexplicável.

Em meu curso O Caminho Real, para exemplificar o holograma, uso uma fotografia em três dimensões criada pela divisão de um feixe de raio laser, que mostra uma das mais importantes ilusões que vivemos: a de que um acontecimento pode conter uma única verdade.

No mundo da relatividade de três dimensões em que vivemos, é prova de ignorância e teimosia discutirmos pela posse da verdade. No entanto, viciados na interpretação dos conhecimentos que recebemos, *julgamos*, guerreamos e destruímos em nome da única verdade: a nossa!

Essa *onipotência* gera uma série de acontecimentos desastrosos e injustos.

Faça a seguinte experiência: reúna alguns amigos, munido de um holograma, e observe-o de vários ângulos. Em cada ângulo encontrará uma imagem diferente da outra, e ainda assim, segundo a sua interpretação do que vê. Outra pessoa não apenas verá outra coisa, como poderá interpretar o que está vendo de forma completamente diferente, e cada uma reagirá de acordo com o que vê.

A grandiosidade e a multiplicidade de manifestações do universo podem ser observadas a cada instante de nossa vida. Se Deus é tão generoso na sua Criação, por que somos tão mesquinhos nas nossas?

Um pequeno planeta azul onde convivem em harmonia a barata, o rato, o beija-flor e a borboleta, entre milhares de outras formas e espécies, cada uma com sua originalidade e ocupando um espaço exclusivo, que ninguém mais pode ocupar. Um pequeno ponto no espaço onde uma semente seca gera flores, frutos e milhares de outras sementes que brotam espontaneamente até entre duas placas de cimento! Como é possível a miséria, a fome e a escassez?

Por que nos limitamos tanto através do *julgamento*? Por que diminuir ainda mais o planeta? A nossa vida?

Como é possível *julgarmos*, se vivemos num mundo tridimensional, onde dois corpos não ocupam o mesmo lugar no espaço e não podemos observar do mesmo ângulo que o outro? Por que condenar uma visão diferente da nossa?

Costumamos confiar em nossos sentidos para definir o que vemos; será que são confiáveis? Creio que são eles a fonte da ilusão e da mentira.

Pensamos que estamos imóveis e, na verdade, estamos girando a milhares de quilômetros por hora... Pensamos que a matéria é sólida, mas no nível subatômico as pequenas partículas elementares estão se movimentando velozmente no que parece um vasto espaço aberto; quando um grupo de partículas se movimenta de forma coordenada, surge um objeto e achamos que é sólido!

Pensamos que estamos certos e que nossa verdade é única. Qual verdade? A de nossos sentidos?

Creio que chegou o momento de começarmos a entender um pouco mais do mundo em que vivemos.

A física e outras ciências que nos parecem tão longínquas, acessíveis apenas a alguns gênios (pessoas diferentes dos simples seres humanos preocupados com a sobrevivência), podem e devem ser compreendidas em suas significações. Dediquei-me a estudar o conceito de determinadas leis que influenciam diretamente as nossas vidas no cotidiano, facilitando muito a administração de alguns problemas corriqueiros, tais como ter mais saúde, melhorar o relacionamento entre as pessoas queridas, ganhar mais dinheiro e usufruir a paz. Tudo isso me veio do entendimento do mundo em que vivemos.

A ciência tem de ser conhecida e aplicada por nós e não apenas nos laboratórios de pesquisas. O mundo e nós estamos em constante movimento, em constante mudança, percebamos ou não! O que define o que vemos é nossa memória e a interpretação viciada que fazemos do que vemos. O conhecimento de novas verdades pode determinar a mudança de vícios, fruto de verdades desmitificadas. Conseqüentemente, o nosso comportamento mudará também.

Nossos corpos são campos de informação, inteligência e energia. Podemos e devemos nos apossar desse campo, atualizando as informações para, inteligentemente, redirecionarmos a energia que ele emite, em direção à felicidade que buscamos.

9

MIRANDO-SE NO OUTRO...

"Você vê as montanhas, pensa que são sólidas e,
no entanto, estão se movendo feito as nuvens."
(Corão – Sura 27:90)

É comum encontrar alguém que, sem sabermos por que, nos irrita e incomoda; às vezes apenas um aspecto da pessoa a torna insuportável para nós. Outras, nos causam inveja e admiração por algo que fazem ou simplesmente por sua forma de se colocar e comportar diante de situações.

Ao usar essas pessoas como espelho, vamos ter a surpresa de nos identificar com elas e descobrir as mesmas características, negativas ou positivas: o que nos incomoda no outro é o que menos queremos reconhecer em nós mesmos. O ser humano apenas reconhece (re-conhecer é ver de novo) aquilo que já conhece em si mesmo, ainda que de forma inconsciente.

Sempre invejamos as qualidades que temos em potencial e que *não priorizamos,* em função das circunstâncias. Impossível admirar ou invejar um artista sem ter alma de artista. E da mesma forma a beleza, a bondade, a extroversão, o dinamismo etc.

Descubra, examinando na lista de medos e traços, o que está impedindo a manifestação desse potencial. Ex.: preguiça, auto-invalidação, medo de ser ridicularizado etc.

Esse trabalho, quando bem-feito, tem levado muitas pessoas a descobrirem *talentos* escondidos e *padrões negativos* (causas de acontecimentos desagradáveis repetidos), que não suspeitavam ter. Pode acontecer de não reconhecermos facilmente, porque *usamos as mesmas características camufladamente ou apenas de forma diferente*; é preciso muita *atenção* e, por vezes, a ajuda do outro para nos denunciar.

Dentro da dinâmica de grupo que fazemos nos cursos, costumo, durante os três dias de trabalho, fazer um jogo em que os colegas denunciam os comportamentos que o outro não está conseguindo identificar em si mesmo. Inevitavelmente em apenas três dias todos aparecem! E por que isso? Porque mostramos (sem querer) o que mais escondemos de nós mesmos. Apenas o gesto que fazemos com a mão para acusar o outro já comprova essa realidade.

Repare em seus dedos quando acusa: o indicador em direção ao outro, os outros três dedos voltados para si com o polegar por cima, os unindo... (*ferramenta dos dedinhos*).

Uma procura sincera nos ajudará a melhorar em vários aspectos e, dessa forma, *contribuir com o universo em evolução.*

Ouvimos dizer: "As pessoas não mudam..."; como isso é possível, se tudo no universo é mudança, é movimento, é transformação! Seremos uma exceção? Tendemos a ver a natureza como estática, numa projeção de nossa própria cristalização. Vamos acabar com mais essa ilusão!

Lembre-se que, *a cada mudança nossa, o universo muda também!*

EXERCÍCIO 7: ACUSAÇÃO CONSTRUTIVA

Faça agora uma outra lista, descrevendo o que mais incomoda ou irrita em seu pai, mãe, companheiro(a), melhor amigo(a), apontando três características negativas para cada um:

Pai :

1 – __________

2 – __________

3 – __________

Mãe:

1 – A fraqueza diante de outros

2 – Falta de escrúpulo

3 – Hipocrisia

Companheiro(a):

1 – GROSSERIA

2 – Crítica

3 – Desprezo p/ + fraco!!

Melhor amigo(a):

1 – Muita submissão ao marido

2 – __________

3 – __________

A pessoa que não gosta:

1 – Dissimulação

2 – Desprezo

3 – Falta de franqueza

Coloque na frente dos aspectos que marcou para os outros as seguintes palavras: "Eu sou..." Observe se os traços de personalidade que marcou em sua lista de traços (exercício 5) coincidem com os que marcou para eles. Em caso afirmativo, veja o quanto está projetando seus próprios aspectos, ou melhor, aquilo que não admite ou não gosta de ser, no outro. Sempre é o que mais nos incomoda...

Em caso negativo, saiba que esses são os "pontos cegos" sobre si mesmo; seja honesto e **procure ver se usa esses mesmos traços de forma diferente.**

O certo é que, através da observação do outro, podemos nos descobrir, nos espelhar, ainda que a imagem refletida não nos agrade muito. Aos poucos, através de reconhecimento constante, termina o abismo que nos separa uns dos outros e nos aproximamos da verdadeira compaixão, por nós e pelos demais.

10

A DESCOBERTA DE NOVOS TALENTOS

Sem ser um santo ou uma santa, cheio do que chama defeitos, se não está dedicado a fazer o mal premeditadamente, tenha certeza: você é uma boa pessoa!

Da mesma forma que descobriu seus aspectos negativos, também os positivos são refletidos pelo outro.

Vamos usar para isso duas ferramentas: *Admiração* e *inveja*.

Segundo o Novo Dicionário Aurélio*:*

Admiração: *(Do lat. admiratione.) 1 – Ação ou efeito de admirar./ 2 – Estranheza, espanto, assombro, pasmo./ 3 – Consideração, respeito, estima./ 4 – Afeição, inclinação, simpatia.*

Inveja: *(Do lat. invidia.) 1 – Desgosto ou pesar pelo bem ou felicidade de outrem./ 2 –* **Desejo** *violento de possuir o bem alheio.*

Em nossa cultura a *admiração* é bem-vista e a *inveja* é normalmente considerada um defeito; no entanto, quando bem usada, é um grande motor para a realização de nossos sonhos.

A admiração é inerte. A inveja é o movimento do desejo.

Não lhe é dado nenhum desejo sem que também não tenha sido dada a capacidade de realizá-lo. Por que não desejar e se esforçar para *ter*, *fazer* ou *ser* também? *As invejas são os nossos talentos reprimidos*, ou não priorizados em nossa vida. Ex.: Você só pode sentir inveja de um cantor, se tiver uma natureza musical, do contrário isso não terá importância para você.

Habitue-se a usar a *ferramenta dos dedinhos* para descobrir no outro os seus talentos e virtudes não manifestados.

A carga social e religiosa negativa que foi colocada diante da inveja faz com que nos culpemos por senti-la, quando, em verdade, não só a sentimos, como deveríamos usá-la constantemente. É claro que desejar que o outro perca o dom ou o bem que possui, e que pensamos ser impossível alcançar, é a crença na escassez, é nivelar por baixo; mas desejar e saber que *depende apenas de si mesmo* obter o mesmo ou algo semelhante é nossa obrigação.

Estamos no planeta para usufruir *tudo isso e o céu também.*

EXERCÍCIO 8: ENFRENTANDO A INVEJA

1 – Lembre-se de três ocasiões em que foi tomado por forte inveja.
2 – Descubra o sentimento que está por baixo da inveja e o que ela esconde:
Ex: crença na inadequação, incapacidade, carência etc.
3 – Você se sente injustiçado pela vida?
4 – Você é preguiçoso?
5 – Costuma rejeitar antes de ser rejeitado?
6 – Sente que o universo conspira contra você?
7 – Sente-se inferiorizado junto aos outros?
8 – Você tem um ídolo interno?
9 – Na infância, seu irmão ou primo recebeu mais que você?
10 – Você é competitivo?
11 – Qual o seu primeiro impulso frente a um desejo?
12 – Já tentou imitar alguém?
13 – Alguém recebeu o que deveria ser seu?
14 – Dividiu alguma herança? Como se sentiu?
15 – Por que se envergonha de sentir inveja:
a) Mostra a sua incapacidade de amar?
b) Porque disseram que é feio?
c) Porque confronta com a própria incapacidade?
d) Porque é pecado?

11

A ALQUIMIA DO SER

O que aconteceria se olhasse para dentro e não visse nenhum pecado e, ao contrário, descobrisse talentos?

A verdadeira alquimia se processa no interior das pessoas ao longo da vida; um processo muitas vezes doloroso pelo esforço que somos obrigados a fazer.

Alguns optam por facilitar a natureza, fazendo uma exploração no ser, descobrindo talentos e potenciais antes nunca imaginados. Outros, prisioneiros da inércia e do medo, se contentam com as lamentações, acusando o destino, a vida, Deus ou os mais afortunados. E, no entanto, é a inveja que poderia ajudá-lo a realizar os seus sonhos. Use as pessoas que lhe provocam inveja como abençoados professores indicando o caminho de sua realização!

É preciso acabar com a dicotomia do "sim, devo mas não posso", ou, "sim, posso mas não devo"!

A barreira do impossível está na crença de que o limite, o sofrimento, a miséria e a doença são coisas boas aos olhos de Deus, e na expectativa de que nos envie um castigo, a morte, a doença, por um prazer usufruído! Esse deus é apenas um reflexo de nossa maldade interior.

Tudo o que queremos e sonhamos é um desejo que vem de Deus, da Criação, da Energia Primal; esse desejo é um Sussurro Divino, Sua forma de manifestar-Se e realizar-Se através de nós.

Deus fala: "Peça."

E nós respondemos chorando: "Por favor, não me castigue!"

Preparamo-nos para o limite, a escassez, a dor. Não nos preparamos para a plenitude, a abundância, o prazer.

A Lei Cármica diz que cada bilionésimo de energia vital que inspiramos e expiramos sai qualificada pela força do pensamento ou sentimento do momento, e que essa energia vibratória volta ao emissor.

Segundo o dr. Deepak Chopra, endocrinologista, diretor do Sharp Institute for Human Potential and Mind-Body Medicine, na Califórnia, e do New England Memorial Hospital, em Massachusetts, e autor de vários best-sellers, estudos feitos por pesquisadores em ADN mostram que, a cada inspiração, 22 mil átomos do universo vêm para o corpo (átomos de todos os lugares e que penetram nas células, nos órgãos, no corpo inteiro) e que com cada expiração expelimos a mesma quantidade de átomos, que tiveram a sua origem em cada célula do nosso corpo! Estamos portanto expirando pedaços do coração, fígado, intestinos etc., literalmente compartilhando nossos corpos, todo o tempo. Podemos ter em nosso corpo físico átomos que já pertenceram ao corpo de Buda, Cristo, Hitler, Leonardo da Vinci, do nosso vizinho! Nas últimas três semanas, o quatrilhão de átomos que circulou em nosso corpo foi para o corpo de todo espécime vivo do planeta:

para a árvore na África, o esquilo na Sibéria, o camponês na China... Em um ano trocamos 98% de todos os átomos do corpo.

Isso não é misticismo; é a teia da vida, é natural, é alquimia, é fisiologia!

Por que teimamos em nos separar, limitar, em nos desligar do Todo? O que pretendemos alcançar no isolamento? A morte?

A vida é a extensão de conexões se auto-organizando em todos os níveis: as moléculas, as bactérias, os fungos, a terra, as raízes, as árvores, os frutos, os pássaros, os animais, os homens, Deus! Uma imensa cadeia interligada pela irresistível atração exercida pela Força Forte que é o Amor.

Temos tudo de todos! Somos um!

EXERCÍCIO 9: POSITIVANDO A INVEJA

Assinale agora, também usando X, XX, XXX, o que mais admira ou inveja nas mesmas ou em outras pessoas e acrescente outros objetos de inveja, usando suas próprias palavras.

___ BELEZA
___ ENERGIA
___ PODER
___ DISCIPLINA
___ DINAMISMO
___ CONHECIMENTO
___ CONCENTRAÇÃO
___ ASSERTIVIDADE
___ FLEXIBILIDADE
___ DESTEMOR
___ HABILIDADE
___ EXUBERÂNCIA
___ FELICIDADE
___ ALEGRIA
___ EXTROVERSÃO
___ DIGNIDADE
___ INTELIGÊNCIA
___ FÉ
___ HUMILDADE
___ ORIGINALIDADE
___ SABEDORIA
___ CULTURA
___ INOCÊNCIA
___ CONFIANÇA
___ LIBERDADE
___ TOLERÂNCIA
___ IMAGINAÇÃO

___ COMPREENSÃO
___ FORÇA
___ AUDÁCIA
___ ORGANIZAÇÃO
___ INICIATIVA
___ DECISÃO
___ AFETUOSIDADE
___ DOCILIDADE
___ AUTORIDADE
___ ESPERANÇA
___ DOÇURA
___ CALOR
___ LUCIDEZ
___ TRANQÜILIDADE
___ INTUIÇÃO
___ ATENÇÃO
___ CORAGEM
___ AMOROSIDADE
___ DOAÇÃO
___ RESISTÊNCIA
___ PERSISTÊNCIA
___ CALMA
___ DETERMINAÇÃO
___ CRIATIVIDADE
___ AUTO-ESTIMA
___ PERSEVERANÇA
___ INTEGRAÇÃO

Lembre-se, você também tem todo esse potencial: use-o!

12

O PECADO ORIGINAL

"Não julgueis, para que não sejais julgados.
Porque com o juízo
com que julgardes sereis julgados, e com a medida
com que tiverdes medido vos hão de medir.
E por que reparas tu no argueiro que está no olho do teu irmão,
e não vês a trave que está no teu olho?
Hipócrita, tira primeiro a trave do teu olho,
e então cuidarás em tirar o argueiro do olho do teu irmão."

(Mateus,7: 1-5)

O que é o pecado original? Qual o seu simbolismo? Seria o pecado original a causa maior de tantas ações destrutivas?

Qual a *raiz de nossas emoções negativas*? Quais os seus subprodutos? Como se libertar?

Trabalhando nas *raízes de nossas emoções negativas* descobrimos alguns pontos comuns a todos os seres humanos: *carência*, *orgulho*, *poder*, *culpa*, *medo* e *raiva*, como decorrência de uma mesma base: a ***rejeição.***

Seria esse o pecado original?

Em meus workshops, mostro a porta de saída de um círculo vicioso dentro do qual passamos grande parte de nossas vidas.

Somos uma espécie em evolução, um vir-a-ser, e nesse lento crescimento viemos evoluindo através dos tempos em determinados aspectos de nossa infinita multiplicidade.

A proposta é abrir mão da hipnose cultural que destrói e voltarmos ao estado de *inocência original*, onde residem a plenitude, a paz e o amor.

Para que isso aconteça, é necessário um conhecimento profundo sobre *o que* sentimos e *por que* sentimos. O reconhecimento das nossas *raízes emocionais* nos permite acessar a origem profunda de emoções desagradáveis que nos impulsionam a atitudes muitas vezes desastrosas.

Essas ondas emocionais nos pegam de surpresa, e são praticamente incontroláveis pelo racional. Elas surgem encadeadas, com manifestações diversas, tendo, contudo, uma única origem. Vamos examiná-las detalhadamente.

EXERCÍCIO 10: RECONHECENDO AS EMOÇÕES

PARTE A

Escreva três cenas emocionais em que tenha sentido raiva, pequena ou grande.

1 – ______________________________

2 – ______________________________

3 – ______________________________

Verifique quais as emoções que precederam a raiva e descreva abaixo:

1 – ______________________________

2 – ______________________________

3 – ______________________________

PARTE B

Escreva também três cenas em que tenha alcançado a vitória ou o poder, pequeno ou grande.

1 – ____________________

2 – ____________________

3 – ____________________

Verifique as emoções que sentiu antes de exercer o poder em cada uma das cenas e descreva.

1 – ____________________

2 – ____________________

3 – ____________________

Em quase todas as cenas, verificamos que imediatamente antes da *raiva* há o *medo,* decorrente da *culpa.*

Essas emoções nos chegam numa reação em cadeia e, portanto, difíceis de serem detectadas sem *atenção.*

Nada é como parece ser!

Toda raiva, toda agressão, é um pedido de socorro! Escondida, sob a aparência feroz, está a criança interior tremendo de *medo.*

Atacamos para nos defender e só precisamos de defesa quando sentimos medo. O que provoca esse ataque ou defesa (são a mesma coisa) é a *culpa* de não fazer, não ter, *não ser o que mostramos ser.*

Nas cenas de *vitória* ou *poder* primeiro sentimos *a falta, a carência* de algo que nos impulsiona ao movimento, em seguida o *orgulho* de haver alcançado a meta e finalmente a *vitória* ou o *poder* da realização.

Veja em suas cenas se as emoções assinaladas não têm como raízes a *carência*, a *culpa*, o *orgulho* e o *medo.*

Carência e *culpa* têm uma mesma origem: *rejeição*, o pesadelo da maioria dos seres humanos!

A *rejeição* é fruto do *julgamento*, que é a demonstração da *onipotência.*

Criei um diagrama explicativo de como as nossas raízes emocionais destrutivas, fruto da hipnose cultural, envenenam o nosso comportamento.

Reconheça o desencadeamento das emoções nas cenas de raiva e nas de poder:

DIAGRAMA DAS RAÍZES EMOCIONAIS DESTRUTIVAS E CULTURAIS

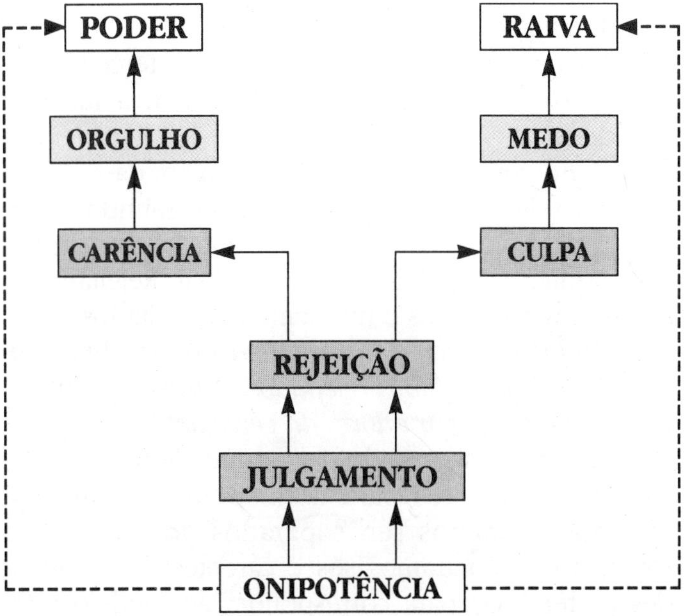

A onipotência é a origem de todas as emoções destrutivas. Intimamente nos vemos como senhores absolutos no universo, ilusão da criança interior emocional e viva (que sente o mundo girando em função de seus desejos e necessidades), e de sua percepção da realidade como a única possível. Essa onipotência é projetada no mundo exterior adulto (sob a forma de competição velada com Deus) através do *julgamento*.

Onipotentes, julgamos a Criação: "Deveria ser diferente...", ou, "A vida é injusta...", ou, "O ser humano é imperfeito..." (como poderia Deus ser injusto, ou criar algo imperfeito?).

Onipotentes, somos os possuidores da verdade absoluta. *Julgamos* o certo e o errado, o bom e o mal, o bonito e o feio, criando na dualidade um mundo limitado e mesquinho.

Na ignorância, não percebemos o terceiro elemento, o neutro (a união), sem o qual a luz não acende!

O *julgamento*, diferente da opinião, da escolha, do ponto de vista sob o qual vemos o mundo, separa, divide e conduz automaticamente à *rejeição* de tudo aquilo que está fora da visão dual. Rejeitando o outro, nos rejeitamos e nos sentimos rejeitados.

Ambicionamos a onipotência do Pai. Impotentes, nos julgamos filhos rejeitados. Atuamos como espíritos santos, os portadores da verdade!

Chamo a esse estado de "a trindade maldita".

Incompetentes para corresponder à imagem que nos cobramos ser, separados do outro e de Deus, nos encontramos sós e carentes das qualidades pretendidas para corresponder ao modelo estereotipado de perfeição. Culpados de não *ter*, de não *fazer* e de não *ser*! A *culpa* da falta gera o *medo* de ser descoberto e castigado, criando ansiedades, expectativas, inseguranças e vários outros subprodutos do *medo*.

Na falta, na *carência,* somos impulsionados a fazer algo para provar nossa qualificação como merecedores de amor em quaisquer de suas manifestações. Realizamos apenas para demonstrar que somos capazes e para preencher o vazio insuportável da carência.

Vários tipos de *medos* nos atrapalham, paralisam, bloqueiam e retardam nossa trajetória: ser responsabilizado, errar, ser insuficiente, ser limitado, não estar preparado, ser comparado e julgado menor, inferior etc.

A única saída do *medo,* sensação insuportável, é a *raiva*: projetada nos outros (julgamos, rejeitamos, castigamos), ou introjetada em nós mesmos (nos sabotamos, adoecemos, punimos e vitimizamos), ou, ainda, quando nos sentimos agredidos (medo de que ameacem ou firam nosso *orgulho*), atacamos para nos defender, explícita ou implicitamente.

Escondido sob o disfarce da *raiva,* está o *medo.* Sempre!

A *raiva* é uma energia extremamente poderosa, que também pode impulsionar realizações, com o objetivo de ser aceito ou alcançar o *poder* como proteção contra a *rejeição*!

Muitas vezes exercemos o *poder* de ser melhor do que o outro, de possuir a verdade ou a razão ("Eu não disse? ou "Eu te avisei!" etc.). Sentimos *orgulho* ao demonstrar nossa superioridade, nossa espiritualidade, nossa humildade!

Um santo é um santo, até o momento em que se dá conta de que é um santo. O verdadeiro santo se vê igual ao maior dos pecadores e sabe que a diferença entre ele e o criminoso não está no que é e sim no que faz ("e livrai-nos da tentação..."). As pessoas sempre agem da melhor maneira que sabem e podem dentro das circunstâncias em que se encontram. A programação individual é que as leva a agir de formas diferentes, que lhes parecem mais acertadas para chegar ao que todos buscam: a felicidade!

O *orgulho* é o ponto mais frágil do ego carente de amor e uma das maiores causas do sofrimento e da dor. É um fino verniz, sempre exposto às intempéries e aos atritos das relações humanas; poderia também ser visto como uma pele sensível, em contato permanente com o sol, que se não for protegida facilmente se irrita, sofre ardor e talvez queimaduras dolorosas, que deixam marcas para sempre. Usamos essa pele frágil e sensível na ilusão de que pode nos proteger da nossa própria *rejeição*. Quando o *orgulho* é tocado por palavras descuidadas, a reação é imediata: revidamos agressivamente, provando ao atacante a sua inferioridade (nos vingamos humilhando e reafirmando o *poder*), ou nos sentimos menores, culpados e nos fechamos para o agressor, guardando cuidadosamente o ressentimento (re-sentindo várias vezes a mesma dor) e sendo envenenados pelo bloqueio da corrente energética do amor. Esfriamos... A defesa do *orgulho ferido por rejeição* é a origem do ressentimento (raiva fria, ódio).

Desnorteada, nossa antena de autopreservação fica direcionada para a proteção do *orgulho*, em vez do amor.

Atrás da imagem reluzente de nossas conquistas está o verdadeiro eu, submerso na *culpa* de não corresponder ao modelo de perfeição exigido pelos pais, religião, sociedade, cultura. De onde surgiu essa *culpa* de ser humano que nos obriga a construir barreiras de proteção contra os outros, igualmente seres humanos?

Da *rejeição*!

Rejeição *(do lat. rejectione): Ato ou efeito de rejeitar (lançar fora, largar, lançar de si). Fenômeno em conseqüência do qual um organismo elimina um enxerto, dada a incompatibilidade entre os tecidos desse organismo e os do organismo de que provém o enxerto.*

Não seria esse o pecado original?

Nascemos com a rejeição! Nascemos pela rejeição! Enxertos incompatíveis, somos lançados na Terra, largados e eliminados pelo modelo original.

Num momento em que nos sentíamos onipotentes, fomos expulsos do paraíso (o ventre materno). Rejeitados, nos julgamos castigados e conseqüentemente culpados pela incompatibilidade; condenados, condenamos....

Rejeição mata! É uma doença comum a todos, que suga a seiva da vida e seca a fonte do amor nutridor. Como pôr fim a essa carnificina dolorosa, que mantém os hospitais lotados (os corpos doídos e machucados, por falta de aceitação), umedece os lares chorosos e carentes de amor e escurece o brilho da alma dos mortais indefesos? Assassinos e assassinados (rejeitadores e rejeitados), usamos essa arma inescrupulosamente, fruto da ignorância, sob o olhar aprovador e permissivo do sistema.

É preciso escolher:

O que é mais importante, ter razão ou ser feliz?

13

A INOCÊNCIA ORIGINAL

"Mas, bem-aventurados os vossos olhos, porque vêem, e os vossos ouvidos porque ouvem.
Porque em verdade vos digo que muitos profetas e justos desejaram ver o que vós vedes, e não viram; e ouvir o que vós ouvis, e não ouviram."

(Mateus 13:16-17)

O diagrama das emoções positivas nos proporciona a possibilidade de uma vida harmoniosa e pacífica, despertos da superstição do pecado que destrói.

DIAGRAMA DAS RAÍZES EMOCIONAIS POSITIVAS E NATURAIS

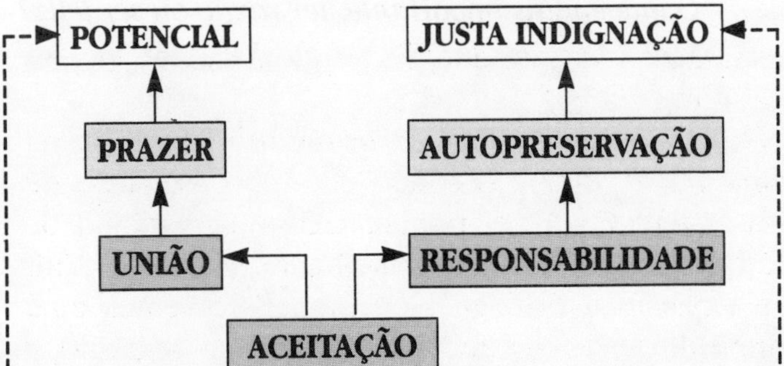

Reveja as suas cenas e os resultados que obteria se seguisse a sua natureza.

A inocência é a pureza, é a impecabilidade que desconhece o julgamento.

Olhando a realidade de que somos extensão da Energia Criadora Pura (ainda criadores, mas não primordiais), somos liberados da *onipotência* ilusória da maçã, retornando ao estado de humildade original (virtude natural ao ser), que consiste em nos reconhecer criadores de nossa própria experiência e não da dos outros.

Com a *humildade* como raiz principal e obtendo um pouco de conhecimento, enxergamos o ato de *julgar* como uma demonstração da ignorância.

A princípio parece impossível abdicar do *julgamento,* uma das bases de nossa cultura; aos poucos verificamos a sua inutilidade e a impossibilidade de *julgar* o outro sem *julgar* a si próprio. Escolher *julgar* em vez de *compreender* é a opção pela *rejeição* e, conseqüentemente, pela *culpa.* Optamos pelo *julgamento* como arma de defesa à nossa autoridade, esquecendo que a melhor defesa é a inocência.

Na *compreensão*, no *autoconhecimento*, na *consciência,* olhamos o fato com a constatação de nossas fragilidades e, portanto, com a possibilidade de que, numa situação semelhante, possamos cair em tentação e agir igual ou pior. Escolhemos uma forma de atuação que parece a correta segundo o nosso ponto de vista, mas que nem sempre será a melhor para todos!

"Não nos deixeis cair em tentação, mas livrai-nos desse mal!"

Se trocamos o *julgamento* pela *compreensão*, a

rejeição se transforma automaticamente em *aceitação,* um ato de escolha consciente, que sai da força do ego. É a grande chave que abre as portas para a liberdade!

Aceitação de nossas diferenças, *compreensão* de nossas fragilidades, respeito à nossa humanidade.

Aceitação de que a rejeição é o passaporte que permite a nossa entrada no planeta. Se não fôssemos expulsos do ventre materno (do paraíso), não ganharíamos a vida, não experienciaríamos o planeta dos sentidos, não usufruiríamos a liberdade de escolha. A rejeição é a grande mestra, o veículo que nos conduz e encoraja à mudança, ao novo, à manifestação de outros potenciais. É a rejeição que nos mantém humildes (na inocência original), ao invés de humilhados.

A *compreensão* é obtida ao tomarmos consciência da projeção de que o que vemos nos outros é o nosso espelhamento. Usando a *ferramenta dos dedinhos,* constatamos a impossibilidade do *julgamento,* e se adicionamos as diferentes visões do *holograma,* vemos o outro reagindo ao que está vendo e que, seguramente, não é o mesmo que nós!

A *atenção* é mais uma vez necessária, pois uma linha tênue separa a *aceitação* da escravidão do *conformismo,* uma ação passiva e covarde de renúncia à *responsabilidade* pelas escolhas.

Quem se conforma é uma vítima e quem aceita é um forte!

Ser forte não significa ser duro! Apenas o *julgamento rígido* separa, mas se eliminado e substituído pela *compreensão* (o elemento neutralizador), produz a *união.* Acaba a comparação, a competição danosa, e iniciamos a *constatação natural* de que cada um procura alcançar a felicidade com os meios que conhece e dispõe. O desejo de condenar ou premiar, produzido pelo *julgamento,* transforma-se no de compartilhar o conhecimento de um caminho melhor.

O sentimento de estar *unido* ao outro dissolve a *carência,* fruto da separação. Na ausência, na *falta* ou na *carência,* vamos cobrar ou exigir que o outro nos supra do que pensamos não ter, tornando-nos dependentes do alimento dele.

A *aceitação* nos conduz a um sentimento de solidariedade e *união.* Na unidade está a plenitude.

A *carência* nada mais é do que a idéia mentirosa da separação e da ausência de *potencial,* o que faz nascer a necessidade de auto-afirmação nas conquistas e do *orgulho* como substitutos do *prazer* em *fazer, ter* ou *ser.*

É para sentir *o prazer* que escolhemos a vida no planeta dos sentidos, um paraíso na Terra!

Sem a *carência,* o *orgulho* de ser maior ou a humilhação de ser menor perde o sentido. Quem está no *prazer* seguramente não busca o *poder,* mas usufrui o próprio *potencial.*

Ilusoriamente buscamos o *poder* de *ter, ser* ou *fazer* como fonte de felicidade. Esquecemos a solidão do *poder,* o ódio que provoca em quem não o tem. Quem já viu um poderoso amado? A cada vez que ganhamos uma pequena discussão em que nos provamos, ao outro, portadores da razão, ganhamos seu amor ou seu ódio? Quando humilhados por alguém que nos prova estarmos errados, o amamos ou o odiamos? Examine seus verdadeiros sentimentos.

Com o *potencial* se dá o inverso: atrai e induz

ao compartilhamento e ao amor. Sempre nos aproximamos e amamos os que querem dividir seus tesouros conosco. No *potencial* somos *responsáveis* pelo *prazer* que sentimos ao exercê-lo.

A *culpa* tem sua origem na *onipotência* ou na *irresponsabilidade* com o *potencial,* mas a associamos ao erro, que é o verdadeiro e único caminho de aprendizado e crescimento; ninguém aprendeu a andar sem cair; a ler ou escrever sem errar etc. É no erro que surge a oportunidade de um novo aprendizado, a aquisição de um novo *potencial.* A repetição de um mesmo erro ocorre por *desatenção e não por maldade*! Somos nós que vivemos o resultado de nossos erros; por que errar propositadamente? Se acontece assim, é, mais uma vez, a autopunição.

A *culpa* é sempre resultante da *onipotência,* quando invalidamos o outro *julgando-o* incapaz de exercer o seu potencial (condição natural do ser), e nos sentimos responsáveis por ele (tomamos posse de sua vida); ou da *irresponsabilidade,* quando fugimos, omitimos, nos julgamos impotentes ou nos submetemos, por *medo,* às escolhas e decisões de outro para nós (nos deixamos possuir).

A culpa é uma aliança com a inércia. A responsabilidade, com a ação!

Na *responsabilidade* não existe o *medo* que a *culpa* acarreta e sim a *autopreservação.* Temos de ser cuidadosos em situações que nos ameaçam ou em que somos invadidos (de todas as formas), ou ainda, que nos impedem de exercer o *potencial.*

A *justa indignação* é uma reação de direito de defesa, é instinto de *autopreservação,* uma decorrência natural da *responsabilidade.*

Os sentidos nos mostram mais uma vez a generosidade da Criação e o respeito ao nosso livre-arbítrio: eles provocam prazer ou dor, nós decidimos!

Seguindo as leis naturais, usufruímos o prazer. Seguindo as nossas criações, padecemos com a dor. Até quando?

Nossa única obrigação consiste em sermos felizes enquanto vivermos e o *prazer* é condição *indispensável* à felicidade! Só assim podemos ajudar ao próximo: *ninguém dá o que não tem!*

14

MEDO É DESEJO...

"Não tenhas medo. Crê somente."
(Marcos 5:36)

A única coisa que queremos é amar e sermos amados. É o desejo por trás de todas as nossas ações e também das reações. Queremos o amor, mas atacamos (nos defendemos) por medo.

"O medo é sempre um sinal de tensão, surgindo todas as vezes em que o que queres conflita com o que fazes." (Curso em milagres)

Creio que *os medos* fazem parte dos grandes obstáculos a uma vida plena ou à realização de nossos sonhos; são os grandes responsáveis por nossa infelicidade, pois estimulam reações extremamente negativas de pseudodefesa. É uma barreira que construímos para antecipar o que não queremos que nos aconteça, sem perceber que buscamos inconscientemente a confirmação de nosso julgamento: é o "vence perdendo".

Em verdade, o medo é o oposto do amor. Em estado de amor existe a entrega, a união, a confiança, a liberdade e a alegria. No medo, a posse, a separação, a solidão, a prisão e a tristeza. No medo estamos fora da vida e da realidade, ou no passado, baseados em experiências nas quais foram cometidos erros, interpretados como pecado ou culpa, ou no futuro, em antecipações e expectativas de punição. No presente, *no aqui e agora, não existe medo.*

A emoção do medo libera vários tipos de reações físicas e químicas extremamente danosas: jatos de adrenalina percorrem o organismo, causando mal-estar, o plexo solar se contrai, produzindo angústia, tremor e suores, taquicardia e aumento de pressão, além de um obscurecimento da razão, o que conduz a reações emocionais indesejadas de agressão ou paralisia.

Segundo os grandes estudiosos da psique humana, nossos desejos inconscientes (desejos de castigo, provenientes da culpa) aparecem no cotidiano disfarçados pela emoção do *medo imaginário*, a emoção sob a qual se disfarça o desejo inconsciente, contraditório ao desejo consciente. É diferente da reação instintiva e saudável de *autopreservação*, que é a defesa básica, o cuidado, o zelo para uma sobrevivência satisfatória.

Por trás de cada dificuldade, de cada acontecimento desagradável, de cada sonho irrealizado, existe um *medo-desejo oculto.*

Partindo do princípio de que somos a causa em um mundo de efeitos, é fundamental sabermos o que estamos desejando (sem saber que estamos) para nossa vida, e que é o oposto do que gostaríamos que acontecesse. Todos os nossos desejos se realizam (muitas vezes em momentos em que já não os queremos mais), assim como nossos *medos-desejos.*

A mente consciente se satisfaz plenamente com as velhas gravações, e através dos estímulos elétricos que nos chegam do exterior reagimos automaticamente, ativando uma gravação antiga e nunca questionada.

Tudo aquilo a que se dá atenção permanece no mundo de forças energéticas. Ao darmos vida ao pensamento, criamos a matéria.

Em uma conferência em São Francisco, em junho de 1995, o dr. Deepak Chopra disse: "Os pesquisadores de ADN descobriram em estudos feitos há quinze anos que, aonde vai um pensamento, uma molécula vai junto. Os pensamentos são pulsos de energia transformando-se a si mesmos em moléculas; essas moléculas chamadas de 'mensageiras do espaço' (neuropeptídeos) mostram que a verdadeira comunicação não é verbal, mas hormonal ou energética."

Tudo vibra e está em constante movimento, e o mesmo se dá com os pensamentos. Ao darmos vida ao *pensamento* e ao *medo-desejo*, criamos a matéria; se a mente aceita uma situação como presente, ela começa a tomar forma no mundo tridimensional, já que a nossa mente se estende e influencia todo o ambiente: aí está o perigo dos *medos-desejos. Medos* recorrentes tornam-se realidade sem que percebamos que fomos nós os criadores. Observe quantos dos seus medos já se realizaram. É comum ouvirmos pessoas que têm medo de barata comentarem: "Se existe uma barata na sala ela vem justamente na minha direção."

Temos *medinhos* e *medões* antecipatórios e portanto imaginários (diferentes dos de *autopreservação*). Temos dificuldades e facilidades, com pesos diferentes.

Desenvolvi uma lista com a maior parte dos

medos comuns a todos nós. Naturalmente, não cobre todos, portanto examine-se e acrescente outros, para que fique a mais completa possível.

EXERCÍCIO 11: LISTA DE MEDOS E FOBIAS

Procure ser o mais honesto possível e marque com X, XX ou XXX, segundo a força dos seguintes medos:

MEDO DE...

___ DE SER REJEITADO
___ DE FALAR EM PÚBLICO
___ DE CRITICAR
___ DE SE ABRIR
___ DE AUTORIDADE
___ DE SE ARRISCAR
___ DE EXPRESSAR SENTIMENTOS
___ DE CONFRONTAÇÃO
___ DE MAU-OLHADO
___ DE EXERCER AUTORIDADE
___ DE SUCESSO
___ DE FRACASSO
___ DE POBREZA
___ DE RELACIONAMENTOS ÍNTIMOS
___ DE SE SENTIR PRESO A ALGUÉM
___ DE INVEJA
___ DE DEMONSTRAR FELICIDADE
___ DE SER FELIZ
___ DE SER AUTÊNTICO
___ DE EXPRESSAR SEUS SENTIMENTOS
___ DE SER DESCOBERTO
___ DA MORTE
___ DE PERDAS
___ DE SE COMPROMETER
___ DE AMEAÇAS
___ DE SE ENVOLVER
___ DE SER CONFRONTADO
___ DE SITUAÇÕES IRREAIS
___ DE SER CRITICADO
___ DO FUTURO
___ DE OPINAR
___ DE MUDANÇAS
___ DO DESCONHECIDO
___ DE COMPETIÇÃO
___ DE MOSTRAR SUAS FRAQUEZAS
___ DE FICAR EM EVIDÊNCIA
___ DE DEMONSTRAR AS EMOÇÕES
___ DE ALTURA
___ DE ESCURO
___ DE LUGARES FECHADOS
___ DE DIRIGIR
___ DE ELEVADOR
___ DE FICAR SÓ
___ DE SER ABANDONADO
___ DE ABANDONAR
___ DE SER ROUBADO
___ DE SER TRAÍDO
___ DE TÚNEL
___ DE ADOECER
___ DE CACHORRO
___ DE QUESTIONAR
___ DE PUNIR
___ DE SER PUNIDO
___ DE BARATA ETC.

Acrescente suas outras fobias ou medos e escreva ao lado de cada medo com que tipo de agressão (ou autopunição) reage a cada um deles.

- Medo de errar no exercício da profissão → Pensamentos em bola de neve, Tentando reverter situações

- Medo de me indispor c/ pessoas determinadas → Retraio-me

-

Transforme a lista em desejos e se pergunte: "Por que quero isto para mim?"

Se não é diretamente para si mesmo, através de quem (pais, filhos, companheiro etc.) está querendo se castigar?

15

A ORIGEM ESTÁ NO SISTEMA DE CRENÇAS

"É preciso Crer para Ver!"
(Einstein)

A origem do medo imaginário é um *sistema de crenças* normalmente programado em nosso computador mental durante a infância, e nunca questionado pelo racional maduro. Muitas crenças nos passam despercebidas por serem consideradas sem importância e, apesar disso, são fontes de criações indesejadas.

Vamos examinar nossas crenças infantis e procurar sentir, mais do que recordar, quais as que nos tocam. Enquanto as examina, lembre-se que não foram necessariamente verbalizadas com essas palavras; podem também ter sido apreendidas implicitamente, ou simplesmente distorcidas, por cada um de nós, das mensagens originais.

Colhemos o que semeamos. Vejo o pensamento como a semente que plantamos distraidamente. É aí que temos de focalizar a nossa atenção! Podemos e devemos tomar conta de nossos pensamentos, selecionando aqueles que nos fazem mal. *O pensamento é uma extensão atualizada das crenças infantis.*

Existem várias formas de afastar um pensamento ruim: com orações, mantras, música, cancelandoo com um grande X vermelho imaginário, ou simplesmente observando-o passar, sem se deixar envolver por ele.

Observe o que seu corpo fala enquanto pensa: sente angústia na boca do estômago? Desconforto? O coração fica apertado? Os pensamentos e as ações corretas sempre nos trazem a sensação de bem-estar e conforto.

EXERCÍCIO 12

Sublinhe as afirmações que ouviu ou aprendeu durante a infância que ainda lhe causam desconforto.

– Eu sei o que é melhor para você.
– Vou já lhe dar um bom motivo para chorar!
– Veja lá o que vai fazer.
– Fique satisfeito com o que tem.
– Você vai ter de se virar.
– Se não fosse por você eu seria rico e feliz.
– Pare de se queixar.
– Você acha que eu tenho uma fábrica de dinheiro.
– Vire-se.
– Você é um idiota.
– Você é um pirralho.
– Você parece uma puta!
– Mulher não presta.
– Eu não sou bom o bastante.
– Só os homens podem ter liberdade.
– Tenha modos de menina.
– Parece um moleque.
– Olhe que o bicho-papão leva você...
– Não se arrisque.
– Menino não chora.
– Isso é atitude de maricas!
– Se te baterem na rua, bata de volta.
– Você só me causa aborrecimentos.
– Nunca vou ter sossego na vida.
– A vida é uma luta.
– Os homens/mulheres são perigosos.
– Não seja covarde!
– Mulher tem cheiro de pecado.

– A vida é um sofrimento.
– A vida vai te fazer pagar caro.
– Não se pode ter tudo.
– Deus quis assim.
– Você dá azar.
– Não tenho sorte.
– Você não serve para nada.
– Você vai ter de se matar de tanto trabalhar.
– Você será sempre o último.
– Suas necessidades pessoais não contam.
– Lazer é para vagabundos!
– Você é incapaz de fazer seus pais felizes.
– Quem pensa em diversão é idiota.
– Quem não é o maior tem de ser o melhor.
– Mulher precisa de homem.
– Só conte com você.
– O papai (o outro) em primeiro lugar.
– Mulher tem de agüentar tudo.
– Não mostre suas fraquezas a ninguém.
– Os outros só querem se aproveitar de você.
– Os homens são muito vulneráveis.
– Deixe que eu faça; você não sabe.
– Você vai se machucar...
– Olha lá que você vai quebrar isso.
– Você é um ingrato!
– Não se dá um passo maior que as pernas.
– Ninguém tem saúde perfeita.
– Sofrer em silêncio é sinal de nobreza.
– Ser mãe é padecer no paraíso.
– Quanto maior a dor, maior a espiritualidade.
– Rico não entra no céu.
– Não existe prazer sem dor.

– Tudo que é bom acaba logo.
– Filhos só trazem infelicidade e dor.
– Desgraça pouca é bobagem.
– Dinheiro compra tudo!
– Do mundo nada se leva.
– Os homens só pensam naquilo...
– As mulheres sempre se danam!
– Casar é bom; ficar solteiro é melhor.
– Antes só do que mal-acompanhada.
– Amor e morte caminham juntos.
– Macho não chora!
– Você ainda vai chorar lágrimas de sangue.
– Quem tudo quer tudo perde.
– Pouco de muito é muito; muito de pouco é nada.
– Desconfie de médicos!
– Santo de casa não faz milagres.
– Casa de ferreiro, espeto de pau.
– Médico nenhum conhece nada do ser humano.
– Ainda não!
– Mulher só sobe na vida se for bonita e gostosa.
– Os homens são todos tarados.
– Deus não dá asa a cobra.
– Deus enforca mas não mata.
– Paredes têm ouvido.
– Deus não é ambicioso.
– Criança não se mete em conversa de adulto.
– Pouco com Deus é muito; muito sem Deus é nada.

Acrescente outros:

16

O PADRÃO PRINCIPAL DE COMPORTAMENTO DESTRUTIVO

"Admita que as águas a seu redor subiram
e que logo você estará encharcado até os ossos...
É melhor você começar a nadar ou vai afundar
como uma pedra..."
(Bob Dylan em *The times they are a-changin*)

Estamos chegando aos poucos à nossa meta: a descoberta de vários padrões de comportamento destrutivos. Temos que trabalhá-los um a um. Assim sendo, faz-se necessária uma seleção que indique claramente qual é o mais importante no momento atual ou qual é o que mais prejudica a realização dos nossos anseios.

Através do cruzamento das informações obtidas pelos exercícios a seguir, possivelmente chegaremos aos principais sistemas de crenças que definem a nossa visão particular da realidade. Encontraremos também o Principal Padrão de Comportamento Destrutivo, construído com os traços da personalidade defensiva (exercício 5), que é a nossa reação ao desconforto insuportável produzido pelo medo/desejo.

Concluiremos que a baixa estima é resultante de uma idéia distorcida, incutida por alguma autoridade durante a nossa infância. A aceitação dessa idéia como verdade absoluta produz conseqüentemente o medo/desejo da confirmação. Conscientes apenas da sensação do medo, ignoramos o desejo de não contrariar a autoridade da infância; nos defendemos para não sermos descobertos na fragilidade, esquecendo que defesa e ataque são a mesma coisa!

EXERCÍCIO 13: REAÇÃO, AÇÃO E ORIGEM

Faça agora um resumo das suas dificuldades presentes, os medos/desejos que as provocaram e o sistema de crença (o importante é a "idéia" que está contida na frase que embasa a sua crença) que deu origem ao medo.

DIFICULDADE ATUAL (Reação)	MEDO/DESEJO (Ação)	SISTEMA DE CRENÇA (Origem)
1 – Ex: De falar em público	De errar	Você não tem jeito!
2 – ________	________	________
________	________	________
________	________	________
________	________	________
________	________	________
3 – ________	________	________
________	________	________
________	________	________
________	________	________
________	________	________
4 – ________	________	________
________	________	________
________	________	________
________	________	________
________	________	________
5 – ________	________	________
________	________	________
________	________	________
________	________	________
________	________	________

EXERCÍCIO 14

Faça o mesmo com os acontecimentos desagradáveis de sua vida.

ACONTECIMENTO DES. (Reação)	MEDO/DESEJO (Ação)	SISTEMA DE CRENÇA (Origem)
1 – Ex: Abandono do marido	De ficar só	Você não tem jeito!
2 – ______	______	______
______	______	______
______	______	______
______	______	______
______	______	______
3 – ______	______	______
______	______	______
______	______	______
______	______	______
______	______	______
4 – ______	______	______
______	______	______
______	______	______
______	______	______
______	______	______
5 – ______	______	______
______	______	______
______	______	______
______	______	______
______	______	______

EXERCÍCIO 15

Da mesma forma com os sonhos irrealizados:

SONHO IRREALIZADO (Reação)	MEDO/DESEJO (Ação)	SISTEMA DE CRENÇA (Origem)
1 – Ex: Ter um filho	De não ser capaz	Você não tem jeito!
2 – ______	______	______
______	______	______
______	______	______
______	______	______
3 – ______	______	______
______	______	______
______	______	______
______	______	______
4 – ______	______	______
______	______	______
______	______	______
______	______	______
5 – ______	______	______
______	______	______
______	______	______
______	______	______

Você possivelmente verificará que as crenças se repetirão algumas vezes, senão todas, já que a idéia é sempre a mesma; **essa é a origem, a semente do medo/desejo que se realiza, contrariamente ao que conscientemente queremos viver.**

Igualmente os traços defensivos se repetirão, criando um círculo vicioso dentro do qual passamos a maior parte de nossa vida.

EXERCÍCIO 16

Faça agora um paralelo entre os traços da personalidade defensiva (exercício 5), os medos/desejos e as crenças principais mais constantes das listas anteriores.

SISTEMA DE CRENÇA (Origem)	MEDO/DESEJO (Ação)	TRAÇO DEFENSIVO (Reação)
1 – Ex: Eu não tenho jeito	Ser rejeitado	Omissão, ausência, indiferença
2 – ______	______	______
______	______	______
______	______	______
3 – ______	______	______
______	______	______
______	______	______
4 – ______	______	______
______	______	______
______	______	______
5 – ______	______	______
______	______	______
______	______	______

Aí está o Padrão Principal de Comportamento Destrutivo.

Ex.: PPCD: Rejeito antes de ser rejeitado.

Raiz Emocional: Julgamento, rejeição, culpa, carência, medo, orgulho, raiva.

Acredito que não tenho jeito para nada e *julgo* que estão me *rejeitando;* envergonhado, sinto-me *culpado* da minha *carência* de qualidades e tenho *medo* de ser descoberto. Fechado no *orgulho,* me defendo com *raiva,* recusando-me a entrar em contato, separando-me e isolando-me do amor. Tenho comigo apenas o *poder* de rejeitar, atacando primeiro. Na comparação, *sinto-me* menor que os outros, ainda que *saiba* que não sou.

EXERCÍCIO 17

Existem várias formas para transformar o Padrão Construtivo em Padrão Destrutivo: a primeira é descobrir os momentos em que ele nos foi realmente útil, ou seja, a fórmula se adequou à situação. Em seguida, a reinterpretação desse padrão que nos mostrará novos sentidos e idéias às quais se ajustará perfeitamente.

Reveja o seu principal sistema de crença e descubra algumas formas de usá-lo construtivamente.

SISTEMA DE CRENÇA	IDÉIA POSITIVA
Ex: Eu não tenho jeito...,	para ser infeliz, para me conformar, para fazer mal a mim e aos outros, para me fazer de vítima.
1 – ______	______
______	______
______	______
2 – ______	______
______	______
______	______
3 – ______	______
______	______
______	______
4 – ______	______
______	______
______	______
5 – ______	______
______	______
______	______

Lembre-se que no sistema de crença é a "idéia", e não a frase ou as palavras, que tem que ser modificada.

17

A MELODIA CEREBRAL NOS CONDUZ AO PARAÍSO

O Universo conspira a nosso favor!

Nosso sistema nervoso funciona com as mensagens elétricas que nos chegam do exterior. As células especializadas, não apenas em absorver mas também em reagir a esses estímulos, são os neurônios, ligados ao sistema nervoso central, onde são interpretados segundo as informações previamente impressas: os sistemas de crenças, a programação que dá origem aos padrões de comportamento.

A percepção de dor e prazer é compreendida pelo cérebro através de impulsos nervosos que são retransmitidos por mensageiros químicos chamados neurotransmissores. Ao recebermos uma mensagem (um ruído forte e inesperado de um veículo freando, por exemplo), o sistema nervoso reage, produzindo uma substância química chamada neurotransmissor, que se espalha instantaneamente por todo o organismo através de uma grande rede de filamentos com aspecto similar a uma árvore chamados dendritos.

Como no exemplo acima, formam-se as "moléculas fofoqueiras" que comunicam ao corpo o que está acontecendo, segundo a interpretação individual gravada, sobre o seu significado: perigo, perigo, perigo! Jatos de *adrenalina* incentivam-no a reagir ao possível perigo, tensionando músculos e nervos em preparação à sua defesa. A *adrenalina* é uma das centenas de variedades químicas que produzimos.

A medicina está atualmente mapeando as várias qualidades das *moléculas fofoqueiras*, responsáveis por todas as nossas emoções. Emoção é química! Dentro de alguns anos, seguramente tomaremos pílulas de felicidade, euforia, tristeza, de acordo com a emoção que quisermos experimentar, o que é diferente de sentimento.

E sentimento profundo só existe um: o Amor.

Somos nós os criadores da melodia do cérebro que ouvimos. Através dos acordes que tocamos com as nossas emoções, expressamos sons afinados ou desafinados, que nos levam ao paraíso ou ao inferno! Uma escala infinita de hormônios está à nossa disposição, possibilitando uma incrível variedade de combinações para criar bons momentos. A harmonia é a base imprescindível a uma boa música e só a vibração do amor produz harmonia. Nosso cérebro é o cerne do instrumento, o motor da incrível máquina através da qual nos expressamos e manifestamos para o mundo. Precisamos saber como fazer para mantê-lo bem lubrificado, para que nos conduza com segurança em direção ao nosso objetivo.

A medicina está aprendendo a conhecê-lo e a manipulá-lo; cabe a nós mantê-lo regulado, tocando as notas de nossas emoções com precisão. Podemos e devemos controlar a qualidade da química que o está lubrificando para que permaneça vibrando afinado com o som desejado.

Estamos desafinados. Por que continuar a transformação da melodia celestial em ruídos estridentes de agonia?

18

ENDORFINA, A DROGA DA FELICIDADE!

"Não temais, ó pequenino rebanho,
pois que foi do agrado do vosso Pai dar-vos o seu reino."
(Lucas 12:32)

Antes do advento da era industrial, o homem era obrigado não apenas a conviver com o seu meio natural, como também a caminhar longas distâncias e a se movimentar para produzir seu sustento. O corpo bem lubrificado correspondia a essa exigência se auto-regulando e produzindo espontaneamente os elementos necessários ao seu bom funcionamento. Vivia naturalmente endorfinado e em equilíbrio. Nesse estado era mais feliz, perceptivo e conseqüentemente mais capacitado a absorver os conhecimentos que a natureza, a grande mestra, ensinava através dos fenômenos da existência e da transformação diária do ciclo da vida. O velho era reverenciado como sábio, pelo acúmulo de observações e experiências, e ocupava um lugar de destaque nas sociedades; compartilhava o resultado de seus aprendizados e facilitava a caminhada dos mais jovens.

No esforço natural, o homem era feliz.

O princípio da neurose, após a era da industrialização, é produzido pela distância dos elementos originais, conseqüência da inversão insana de esforço natural, em luta, resultado da competição por um lugar que nos dê a sensação de conforto e segurança. Criamos uma sociedade adrenalizada, embasada no medo e na guerra, na traição e na escassez. Projetamos um deus mesquinho como único provedor de nossas necessidades: o dinheiro! Trabalhamos compulsivamente para adquirir exatamente o que vai aumentar a nossa infelicidade na disputa desenfreada pelos controles remotos, veículos, botõezinhos sofisticados etc., lutando até a morte para reduzir ao mínimo o nosso esforço físico. Uma sociedade sedentária... Desequilibramos a nossa máquina, o nosso organismo e geramos doenças antinaturais, como depressão, pânico, câncer, Aids e tantas outras. Adquirimos cultura, tecnologia avançada, técnicas tão rapidamente ultrapassadas que é impossível ao homem comum acompanhar a sua evolução. Na maturidade, somos afastados e desprezados como inúteis à comunidade. Embotados e deprimidos pela falta de *endorfina*, não chegamos a alcançar a sabedoria que faria desta a fase mais rica na experiência como humanos. Vamos ignorados e alijados para os asilos esperar a morte como a única salvação.

A *endorfina* é outro neurotransmissor de uma nova família: os neuropeptídeos. Os efeitos prazerosos e a analgesia produzidos pela morfina, droga narcótica derivada do ópio, são bastante conhecidos; a *endorfina* produz efeitos surpreendentemente parecidos. O nome *endorfina* é a contração de "morfina endógena", ou "morfina formada dentro do corpo". Ela é responsável pela paz, sensação de segurança, euforia, tranqüilidade, além de analgésica. É a química responsável pela expansão de consciência e já descobriram que é a *droga da Felicidade*!

Tenho usado este tema em palestras pelo mundo, sendo inclusive acusada de haver inventado um novo verbo: *endorfinar*. Não importa, o meu objetivo não é a língua portuguesa, mas compartilhar tudo o que me tem ajudado a ser mais feliz.

Trouxe comigo, do Caminho de Santiago, mais este tesouro.

Em workshops dados em clínicas de dependentes químicos, tenho enfatizado a necessidade das caminhadas diárias em substituição às drogas destrutivas. Os resultados têm sido excelentes. Segundo o depoimento de alguns, *endorfinar* proporciona aos adictos um estado muito mais intenso de alegria, expansão e segurança, do que os venenos enganosos a que estão habituados. Uso a caminhada de uma hora diária em meus cursos, em estado de introspecção profunda, como uma ferramenta muito poderosa. A *endorfina* começa a ser liberada após vinte e cinco minutos de qualquer tipo de esforço físico. Além do bem-estar, é uma das poucas formas que proporcionam a possibilidade de acesso ao computador mental, facilitando insights e introjetando novas afirmações, ou seja, reprogramando no sentido de neutralizar as reações anteriormente destrutivas, com outras mais positivas.

Podemos também mudar a vírgula na interpretação dos acontecimentos desagradáveis e das mensagens negativas. O que anteriormente vimos como fracasso, podemos ver como uma oportunidade de aprendizado. Em todos os acontecimentos desagradáveis, está oculto um tesouro repleto de novas informações para que possamos ser mais felizes. O *holograma* nos mostrará outras versões de um mesmo evento.

A *endorfina* também atua como um fixador de memória, uma cola extremamente poderosa para inserir nos neurônios, pouco a pouco, uma nova programação. Se fizermos um esforço para recordar os acontecimentos de nossas vidas, perceberemos quão vívidos estão os momentos em que estivemos banhados por endorfina ou adrenalina (ou extremamente felizes ou muito infelizes); os outros eventos estão esmaecidos ou completamente apagados de nossa memória.

A grande ferramenta é a caminhada diária de pelo menos uma hora, repetindo internamente uma nova informação que neutralize o Padrão de Comportamento Destrutivo.

É preciso saber falar com o computador mental, pois ele não tem lógica e registra apenas a afirmação. Quando nos dirigimos a uma criança dizendo: "Não faça isto!", observamos que ela repete teimosamente o que não queremos que faça. Ignoramos que o computadorzinho só registrou o "... faça isto!" e, confusa, ela não entende por que estamos brigando, já que está obedecendo à ordem registrada.

As nossas ações provêm das reações aos impulsos das informações armazenadas durante a infância, juntamente com as de nossos antepassados no ADN, que emergem subitamente do subconsciente.

Se digo a mim mesma: "Não vou ser rejeitada", estou reafirmando que vou ser rejeitada. Se afirmo: "Eu sou aceita", tenho aí um pequeno problema. O computador não aceita ordens contraditórias.

O que fazer?

Manipulá-lo! Não devo tocar na informação de rejeição que tenho gravada, mas introduzir uma nova que a neutralize: "Eu sou o que sou", ou

"Atraio os que me atraem", "Sou uma extensão perfeita do Universo" etc. É fundamental que a frase seja construída com o vocabulário interno de cada um, usando palavras que apareçam constantemente em seus diálogos.

No espaço de três meses (tempo necessário à renovação celular), caminhando e endorfinando em estado introspectivo, teremos a chance de, ao repetir continuamente a mesma afirmação, fixá-la permanentemente nos neurônios, tornando-a uma reação natural. É outra forma de reverter o Padrão Destrutivo em Padrão Construtivo.

EXERCÍCIO 18

Volte ao exercício 9 e reveja a lista de invejas. Ali estão as suas grandes qualidades, os talentos e o seu potencial adormecido; use-os na sua afirmação que tem que ser simples, direta e na primeira pessoa do presente do indicativo: Eu sou..., eu estou..., eu faço... etc.

Ex: Inveja de – Coragem
Positivação – "Tenho coragem para me manifestar quando quero, e tenho coragem para fugir quando preciso!"

1. Inveja de – ____________________
   Positivação – ____________________
   ____
   ____
2. Inveja de – ____________________
   Positivação – ____________________
   ____
   ____
3. Inveja de – ____________________
   Positivação – ____________________
   ____
   ____

Repita a mesma frase caminhando e endorfinando por pelo menos três meses.

19

A NÃO AÇÃO É A ENTREGA

A não ação é a verdadeira ação.
Através da não ação tudo pode ser feito.

Segundo a antiga sabedoria chinesa, é preciso ir além dos opostos para se chegar à harmonia. O taoísmo vê as mudanças da natureza como manifestações da interação dinâmica entre as polaridades dos opostos, yin e yang, mostrando a estreita ligação entre eles.

A sabedoria do Tao pode ser reduzida a duas regras básicas. A primeira é:

"Para diminuir uma coisa, é preciso primeiro expandi-la.

Para enfraquecer, é preciso antes fortalecer.

Para derrubar, é preciso antes exaltar.

Para ganhar, certamente precisamos primeiro dar."

E a segunda:

"Incline-se e permanecerá reto.
Esvazie e permanecerá pleno.
Use e permanecerá novo."

Essa é a chamada Sabedoria Sutil, que nos mostra a perspectiva em que a relatividade e a relação de polaridade entre os opostos é claramente percebida; o que não significa *não fazer nada* e permanecer em silêncio, esperando que as coisas aconteçam, independente da nossa vontade.

Atuando em harmonia com a nossa verdadeira natureza, ou seja, confiando em nossa inteligência intuitiva (que é inata à mente humana, assim como a Lei da Impermanência é inata a tudo à nossa volta), estamos na Lei do Mínimo Esforço.

Faça tudo que precisa fazer, da melhor forma possível, e *entregue o resultado* ao Universo, pois não conseguimos enxergar além da curva...

Vivemos em um universo em expansão e evolução, e as forças acompanham esse movimento; se nos deixarmos movimentar, abrandando a resistência que atrapalha, *tudo tende a dar certo.*

20

OS NOVOS CONCEITOS CIENTÍFICOS

"A imaginação é mais importante que o conhecimento."

(Einstein)

No século XIX os químicos identificaram os átomos em muitos elementos e também viram que eles continham uma carga elétrica. Agora os físicos encontraram partículas ainda menores dentro dos átomos. Podemos classificá-las em famílias, segundo as suas propriedades, porque se comportam de forma semelhante. A nuvem de partículas no exterior dos átomos composta de elétrons é a responsável por quase todos os comportamentos da matéria: emissão de luz, eletricidade, eletrônica, química, mecânica, entre outras. O núcleo, o centro do átomo, contém dentro dele os prótons e os nêutrons; esta é a origem de qualquer tipo de energia nuclear usada na medicina e na indústria. Numa escala muito menor ainda, dentro do próton, foram encontrados os quarks. O estudo destas diminutas partículas demonstrou que o seu comportamento é determinado por vários tipos de forças (a mais familiar é a eletromagnética), e sob sua influência formam-se os fótons. Quando outra partícula recebe um fóton, se estabelece a comunicação entre elas, mantendo as partículas carregadas unidas.

Descobriram também que há uma força, chamada Força Forte (Gluons, de *glue*, cola em inglês), cem vezes mais poderosa, e que mantém os prótons e os nêutrons juntos, formando o núcleo.

Podemos comparar a Força Forte com o amor que nos mantém unidos em pares, pequenos e grandes grupos, atuando em uma mesma sintonia. É a força da construção, da materialização, da manifestação. É a Força da Vontade Divina.

Perceberam também que há uma Força Fraca que causa a ruptura das partículas — a desintegração de um nêutron é um tipo de radioatividade que contamina imensos espaços, liberando ainda outra subpartícula chamada neutrino.

A Força Fraca é a polaridade, é o medo, que separa e contamina, que destrói e impede a manifestação.

Já que tudo é movimento, é impermanência, é ação e reação, resta a nós a escolha do que queremos viver.

Gurdjieff, filósofo e matemático russo, usando uma linda metáfora, nos ensina que, se escolhemos utilizar nossa energia para evoluir, vibramos como luz (fótons), e que quando morremos somos sugados pelo Sol, que necessita deste tipo de energia para crescer e explodir em mil outras estrelas, que irão iluminar novos espaços. Se escolhemos o oposto, densificar a energia da matéria, vamos ser sugados, quando morrermos, pela Lua, que precisa desta energia para que um dia possa se transformar em um planeta de vida orgânica.

O que é melhor? Não importa, estamos a serviço da evolução, queiramos ou não. O nosso livre-arbítrio consiste apenas em escolher entre um pesadelo ou um sonho feliz, entre a inconsciência ou a consciência, entre o poder ou a entrega, entre o medo ou o amor.

Apesar de nós, é feita a Vontade de Deus.

Para escolher precisamos saber que matéria e energia são equivalentes: $E=mc^2$. Cada onda contém um mínimo de energia. Ao calcular a quantidade mínima de energia em uma onda, a física diz que *cada centímetro cúbico de espaço vazio contém mais energia do que a energia total de toda a matéria no universo conhecido.* Existem provas contundentes de que os quanta apenas se manifestam como partículas quando estamos olhando para eles. Por exemplo: quando um elétron não está sendo visto, é sempre uma onda. Os físicos acreditam que os quanta são a matéria-prima da qual todo o universo é feito e que as partículas dos objetos são abstratas e o modo como se apresentam e comportam depende de como as olhamos: ora como partículas, ora como ondas. O que determina é *como* nossa consciência as percebe.

A estrutura básica do universo é um tipo de energia maleável à intenção humana, como se nossa expectativa pudesse causar fluxos de energia ou afetar outros fluxos de energia.

Segundo Einstein: "Não há intervalo entre mente e matéria. O que vemos e como se comporta o que vemos depende de nosso envolvimento." Aí está por que a imaginação, *a nossa expectativa* que influencia os quanta, é mais importante que o conhecimento. É pela imaginação que nos tornamos co-Criadores com Deus.

Chamo de Explosão Quântica ao grande salto quântico, à chave-mestra, que é o poder da decisão:

"Enquanto não nos comprometemos, há hesitação, a possibilidade de recuarmos e sempre a ineficiência.

Existe uma verdade elementar para todos os atos de iniciativa e criação: a ignorância (que acaba com inúmeros planos e idéias esplêndidos) de que no momento em que nos comprometemos definitivamente, a Providência também se põe em movimento.

Todo o tipo de coisas começa a acontecer para ajudar-nos; coisas que de outra forma jamais ocorreriam.

Toda uma corrente de acontecimentos emana da decisão, trazendo a nosso favor incidentes, encontros e assistência material inesperados, com os quais nenhum homem jamais poderia ter sonhado.

Você pode dar início a tudo que possa fazer ou sonhar.

A audácia tem, dentro de si, o gênio, a força e a mágica!" (Goethe, *O poder da decisão*)

Comece agora!

21

O BELO ADORMECIDO

"E, ao pagarmos a dívida que temos para com a verdade – uma dívida que é apenas o abandono do auto-engano e das imagens que falsamente adoramos – a verdade volta a nós, na integridade e na alegria. Não somos mais enganados. O Amor voltou à nossa consciência. E estamos em paz novamente, pois o medo se foi e só o Amor permanece."

(Curso em milagres)

Existe um ser adormecido dentro de todos nós. Um ser que aspira à manifestação de sua essência de alegria e amor. Este ser está em sono profundo, provocado pela hipnose coletiva em que vivemos, distante e inconsciente de seu próprio potencial de criação.

Esquecido de sua condição de extensão do Todo, vive a ilusão da impotência causada pela separação.

Somos belos, mas ainda adormecidos...

Estamos na contracultura do "...e viveram felizes para sempre!"

Condicionados pela mídia, pelas ilusões vendidas em idéias distorcidas (de todos os que, também sob hipnose, ajudam a difundir o medo), somos constantemente bombardeados pelas informações negativas. Pense e questione as verdades que lhe são oferecidas.

Temos transformado o planeta azul no planeta cinza da poluição energética, a pior entre todas; o planeta dos sentidos, no planeta dos narcotizados; o planeta da abundância, no planeta da escassez; o planeta do amor, no planeta da dor.

Temos encarado a vida com a impossibilidade da alegria e do amor, restando-nos a luta constante para, ao chegarmos ao objetivo almejado, sermos atingidos por um deus tirano que nos castiga com doença e morte! Esse recado que recebemos do sistema é mentira! A felicidade existe para nós!

Vamos pensar! Vamos despertar desse pesadelo criado por nossas mentes influenciadas pela hipnose provocada pelo poder da Força Fraca.

Você, que conseguiu terminar esse livro, em vez de se acomodar na luta pela continuidade do pesadelo, ouse um esforço para ser feliz.

Seguramente essas ferramentas lhe servirão de ajuda para, finalmente, acordar do longo e tenebroso pesadelo, e desfrutar, aqui e agora, do paraíso, sua herança natural.

Espalhados por todos os continentes e ocultos por mil nomes diferentes, soldados da Força Forte oferecem o antídoto à hipnose coletiva. Por meio de livros, grupos de trabalho, religiões, terapias, lentamente se faz sentir o efeito da guerrilha para o despertar do ser, e finalmente voltar ao caminho real.

É o amanhecer do Amor...

BIBLIOGRAFIA

BROCKMAN, John. *Einstein, Gertrude Stein, Wittgenstein e Frankenstein. Reinventando o Universo*, Companhia das Letras, São Paulo.

CAPRA, Fritjof. *O tao da física*, Editora Cultrix, São Paulo.

________. *Turning point*, Web Publication by Mountain Man Graphics, Austrália.

CHOPRA, Deepak. *A cura quântica*, Best Seller, São Paulo.

Curso em milagres, Um, Foundation for Inner Peace.

OUSPENSKY, P.D. *Fragmentos de um ensinamento desconhecido*, Editora Pensamento, São Paulo.

PRIGOGINE, Ilya e Stengers. *A nova aliança*, Editora Universidade de Brasília, Brasília.

________. *Entre o tempo e a eternidade*, Gradiva, Lisboa.

TALBOT, Michael. *O universo holográfico*, Best Seller, São Paulo.

Este livro foi composto pela
Art Line Produções Gráficas Ltda.
Rua Visconde de Inhaúma, 64 - Centro - RJ
e impresso na Editora JPA Ltda.
Av. Brasil, 10.600 - Rio de Janeiro - RJ
em abril de 1998,
para a Editora Rocco Ltda.